近くて遠いこの身体

平尾剛
hirao tsuyoshi

ミシマ社

はじめに

はじめまして、平尾剛《つよし》と申します。神戸親和女子大学で講師をしています。専門はスポーツ教育学と身体論です。「身体」にまつわるあれこれについて研究をしているのですが、もう少し具体的に言えば、動きを習得するために不可欠なコツやカンはどのように発生するのか、そしてそれらを教え、伝える（伝承する）にはどうすればよいのかについて思索しています。ようするに「言葉と感覚」の問題について考えているというわけです。

こうした研究に携わるまではずっとラグビーをしていました。中学生から始めたので都合十九年間を、砂と芝生の上で走り回ってきたことになります。

かつて所属していた神戸製鋼コベルコスティーラーズでは日本一になりました。日本代表に選ばれてワールドカップにも出場しました。わりと一所懸命に取り組んで、それなりの実績を残したまではよかったのですが、現役晩年はたくさんの怪我《けが》に悩まされました。靭帯《じんたい》損傷、骨折、脱臼など、「身体」のあちこちを痛めてしまいました。最終的には「脳震盪《のうしんとう》の後遺症」（ものが二重に見える症状）に悩まされ、長らくリハビリに精を出したものの癒《い》えることはなく、引退を余儀《よぎ》なくされました。

怪我をしたのはきちんと身体のケアをしていなかったからではないか。そう思われる向きがあるかもしれません。しかし、そんなことはけっしてありません。コンディションづくりにはかなり気を配っていました。ウエイトトレーニングや、サプリメントの摂取を含めての食事制限、練習前のストレッチに練習後のクールダウンなど、スポーツ科学でよしとされるメソッドは確実に実践していました。

スポーツ選手にとって「身体」は資本です。それをきちんとケアするのは当然です。それでも最後には壊れてしまった。しかも取り返しがつかないかたちで。

なぜなんだろう。どこかが間違っていたのだろうか。

かくして研究の道へと歩みを進めたわけです。

結論からいうと、僕は「身体」のことをよく理解していませんでした。ただスポーツ科学の知見のみを宛《あ》てがうことでわかったつもりになっていたんだと思います。振り返ってみれば、誠に恥ずかしいかぎりですけど身体の本質をみようとはしていなかった。

だから怪我を繰り返した。「脳震盪の後遺症」は、これまでの怪我の積み重ねによって結果的に引き起こされたものではないかと、今では思っています。

「身体」のことについてスポーツ科学はとてもわかりやすく私たちに説明をしてくれます。筋肉を増量するための運動の行ない方、栄養や休養のとり方などを、数値やデータを用いてロジカルに説明してくれる。だから「身体」のことはよくわかったとつい錯覚してしまう。

しかし「身体」はそれほど単純ではありません。もっとファジーなものです。惰性が強く、急激な変化を望みません。それに気まぐれなところも持ち合わせています。当たり前ですが「身体」は機械ではなく、生きている。細胞レベルでみれば一秒たりとも同じ状態にはない「身体」に数値やデータを押しつけることは、だから不自然なのです。

二〇二〇年に東京五輪の開催が決定しました。それに向けて日本各地で人材発掘プロジェクトが行なわれているようです。ようするに「青田買《あおたが》い」ですね。競技への適性を見極め、英才教育を施し、トップアスリートに育て上げる。よりたくさんのメダルを獲得するための国策なのでしょうが、これには首を傾《かし》げざるをえません。

「身体能力」は僕たちの想像を遥《はる》かに超えるものです。僕たちの「身体」は思いのはかいろいろなことができます。この「身体能力」のすべてを測定することはできない。筋力やジャンプ力、走力など測定できるものはそのうちのごく一部にしかすぎませんし、なにより「潜在能力」は測定できません。ですから、幼いころのある時点に「測定された能力」で競技への適性を推し量ることは、その子供の可能性を大幅に限定することにもなりかねないのです。

ひとりの子供の将来、つまり徹底したマネジメントのもとで築かれる「身体」の行く末を僕は大いに危惧します。

「身体」は数値やデータに馴染《なじ》みません。けっしてマネジメントするものではない。内側から生まれるさまざまな感覚が複雑に絡み合いながら形成されるひとつの現象です。外側から数値を押しつけるのではなく、内側から生まれる感覚に耳を傾ければ、これまでとは異なる世界が広がるはずです。どこか懐かしさを感じる世界がそこにはある。

本書が、その世界を開くきっかけになることを心より願っています。

近くて遠いこの身体　目次

序章

体育嫌いだったひとたちへ

体育嫌いだったひとたちへ

嫌いになるのは能力のせいじゃない

身体を動かすことが嫌いな人はおそらく世の中にはいない。

わかっている。こういう言い方をすれば、すぐさま反論が返ってくることなど容易に予測できる。そんなのは運動を得意とする人間の単なる思い込みにすぎない。そう声を荒げたくなる人や、ほとんど見向きもしない人もいるだろう。そんなことは百も承知だ。

しかし、それがわかっていながらもあえて断言するのは、それなりの理由があってのことだ。

身体を動かすことが「生まれながら」に嫌いな人は、この世の中にはいないと僕は思っている。

この世に生まれ落ちた瞬間の赤ん坊はひとりでは生きられないほどに未熟である。食事や排泄《はいせつ》その他すべてを、母親をはじめ近くにいる大人たちに頼らなければ命を長らえることはできない。温かな愛情に包まれながら育てられるうちに私たちは徐々《じょじょ》にひとりでできることが増え、やがて大人へと成長していく。

生を受けてしばらくは「不快を感じれば泣く」ことしかできない。「なんとかしてくれ」というシグナルを発することでしか自己主張できなかったのが、やがて言葉でそれをするようになる。教科書で学んだわけでもないのにどうやって言葉を憶《おぼ》えるのだろう。よくよく考えてみれば不思議である。発音の仕方も語句の意味もその文法も、いつのまにか身についていくのだから、このころの理解力といったら凄《すさ》まじい。未知なるものに囲まれた環境そのものへの好奇心が、言語能力の獲得へと私たちを導くのだろう。

底知れぬこの好奇心が身体能力の向上をも後押しする。

ただ仰向けに横たわることしかできなかったのが、いつしか器用に身を翻《ひるがえ》して寝返りを打つようになり、やがてはハイハイを始める。テレビのリモコンや携帯電話、電気のコンセントやそこから延びるコードなど、赤ん坊の目にはすべての物が新鮮に映る。

「なんや、あれは？」

「とにかくしゃぶってみよう」

こんなふうに思っているのかどうかはわからないが、飽くなき好奇心がハイハイへと向かわせるのは間違いない。

そうこうするうちにつかまり立ちができるようになる。目線が数十センチ高くなるだけとはいえ、見える景色がこれまでとはまったく異なる。これには少なくない驚きとともに「おおっ！」と感動するはずで、僕ら大人には想像しがたいほどのよろこびを感じるにちがいない。そしてそれも束《つか》の間、すぐに歩きはじめる。うまくバランスをとることができず不安定な身体を楽しむかのように、歩く。転んでもまたすぐに立ち上がって、歩く。腕も振らずによちよちと、歩く。

僕はこのころの赤ん坊をほとんど飽きることなく見ていられるのだが、それはたぶん、好奇心のままに動くその姿に魅入ってしまうからだろう。羞恥心《しゅうちしん》など一切なく、周囲の心配をよそに元気よく動き回るその一挙手一投足《いっきょしゅいっとうそく》に生の衝動を感じるからだ。

当たり前のことだが、今ではすっかりおっさんになったこの僕だって、かつては赤ん坊だった。

僕たちは誰ひとり例外なくこうした時期を経て大人になる。赤ん坊のころには「今よりもっと動けるようになりたい」という衝動的な欲望があったはずだし、だからこそいまの自分がここにいる。掴《つか》む、握る、叩く、咀嚼《そしゃく》する、立つ、歩く、走る、跳ぶ、投げるなどのありとあらゆる所作は、この本能的な欲望があったればこそ身についた。その習得過程がたとえ記憶に残っていなくても、身体を動かすことを強く望んでいたのは確かなはずで、おそらくは身体を動かしたくて動かしたくてたまらなかったと思うのだ、あのころは。抱かれるのをいやがり、自らの脚で歩きたがる子供をときにみかけたりするけれど、その子供の目が如実《にょじつ》にそれを物語っていると僕には思われるのだ。

これが冒頭で断言した理由である。発育や発達の面から考えれば、僕たち人間には身体を動かすことへの欲望が本能として備わっている。すなわち深層意識においては、身体を動かすことを好ましいと感じるどころか切実に欲望している。

わかっている。この説明だけではまだ十分な納得が得られないことは重々に承知している。本能の話をされたところで好き嫌いの話なのだからどうしようもない。どこかからかこんな声が聞こえてきそうである。

では、こう言い直せばどうだろう。

身体を動かすことが嫌いな人は世の中にはいない。

されど「嫌いになった人」はいる。

いつかどこかの時点で身体を動かすことを嫌いになる人たちがいる。「身体を動かすこと」という表現では漠然すぎるとすれば、こう言い換えたほうがわかりやすいかもしれない。いつかどこかの時点で「運動」が嫌いになる。もっとはっきり言おう。「体育」で嫌いになる。その流れで「スポーツ」も嫌いになる。つまり学校体育で他人と比較され、あるいは部活動や地域のスポーツ少年団で過度な競争的環境に置かれたことがきっかけとなって嫌気が差す。「運動」という語感に「苦痛」というネガティブなイメージがべったりと張りついてしまうのである。

体育好きとはいえないまでもスポーツ好きな僕としては、本来なら楽しいはずの「運動」、すなわち「身体を使うこと」が苦痛であるという人を見すごすわけにはいかない。おせっかいなのは百も承知だが、それでもどうしても見すごすことができないのは、前述したように身体を動かすことへの本能的な欲望が人間にはあると信じているからである。実際に運動嫌いな人たちに話を聞くと、本当のところは運動がしたい、身体を動かしたいと思っている人が大半である。ただそのきっかけがみつからず、思うように身体も動かないし、どうしても積極的に動こうという気持ちになれないのだという。僕からすればこれはどうにも不思議でしょうがない。

まず、「わかる」と「できる」の違いを知ること

どうすれば「運動嫌い」から脱することができるだろう。あるいは、あらたに「運動嫌い」が生まれるのを防ぐことができるのだろうか。いくつかの原因が考えられるけれど、いまのところ目星をつけているのは「運動指導のあり方」である。今日まで行なわれてきた体育およびスポーツクラブにおける運動指導が、あまりに大雑把《おおざっぱ》すぎたのではないだろうか。

もっと具体的に説明すれば、それは「言葉と感覚」の問題に行き着く。すなわち「わかる」と「できる」の問題である。

言葉で理解すること（＝わかる）と感覚で掴むこと（＝できる）は違う位相にある。この厳然たる事実が理解されないままに指導が為されている気がしてならないのである。

たとえば、野球におけるバッティングを習う場面を想定してみる。バットの握り方、構え方、足幅、目線の置きどころ、ボールを呼び込み腰を使うなどの「形としての姿

勢」および「技術的な指導」は、言葉で丁寧に説明されれば理解できる（＝わかる）。膝の角度は〇〇度、バットの傾け加減は〇〇度など、細かく外から指示してフォームを作ればそれなりに格好はつく。

だからといってすぐにボールが打てる（＝できる）かといえばそうではない。「タイミングに合わせてバットを振る」という動きはそう簡単に習得できるものではない。飲み込みの早い人はすぐに打てたりもするがあくまでもそれは一部で、たいていは何度も空振りし、あるいはファールになり、そのたびに感覚を確かめながら反復することによって、やがてバットに当たるようになる。「コツやカン」（感覚）を掴んで、初めて「できた」となるのである。

つまり「わかる」と「できる」は別次元にある。わかったからといってすぐにできるとはかぎらず、「わかる」から「できる」に至るまでには人それぞれに要する時間が異なる。飲み込みが早い人はすぐにできるが、慎重な性格の人は試行錯誤に時間を要する。それに、「わかる」に必要な言葉が「できる」に至るプロセスで邪魔になる場合もある。

だから「わかっているのになぜできないんだ！」という怒声……おっと指導は、まったくのナンセンスである。もしそんなふうに言われたことがある、あるいはこれから言われるようなことがあれば、そんなもん「身体」や「運動」や「体育」についてなんの勉強も研究もしていない人の戯《ざ》れ言だと思ってやりすごせばよい。「できる」に至るまでのそのプロセスが何よりも楽しいし、そもそも「できる」瞬間というのは突然ふっと訪れるもので、焦ることは逆効果である。繰り返すが「わかる」と「できる」は違う位相にあるのだ。

ちなみに、先ほどもちらりと書いたけれど僕はスポーツは好きだった。ならば体育の時間もそうだったと思われがちなのだが、じつはそれほどでもなかった。授業の始まりを緊張しながら整列して待つ時間とか、クラスの誰かが見せしめのように怒られるのを見ている時間とか、ピリピリと張りつめたあの空気感は明らかに苦手であった。ただ運動ができただけに怒られることもなかったし、目をつけられることもなかったので、標的にされずラッキーだったというのが正直な実感である。スポーツは好きだったが、体育はそれほどでもなかった。

「運動」は緊張しながら行なうものではないし、評価の目に晒《さら》されながら行なうものでもない。幼きころのようにただ純粋な好奇心のもとに行なうのが理想だ。

いつかそうだったことを思い出すように、「わかるとできるは違う」という意識を持ちながら、ただ動きたいように動けばいい。もう誰とも比べられないし、誰に怒られもしないのだから。

第一章

身体の感覚を深める

上達するためのコツ

「できた！」の中毒性

「ずっと同じ練習をしてきたはずなのに、なぜアイツはあんなにうまくなったのか？」

スポーツの種目を問わず、一所懸命にそれに取り組んだ人であれば一度は脳裏《のうり》を過《よぎ》ったことのある問いではないだろうか。スランプに陥っているときなどにふと考えてしまう、ちょっと後ろ向きな問い。なかなか上達しない自分への苛立ちとともに立ち上がるこの問いから、考えはじめてみたい。

まったく上達しなくてもよいと考えているスポーツ愛好者はおそらくいない。やるからには少しでもうまくなり、より高度な技術を身につけたい。そうすることで享受できる楽しみのレベルを上げたいと、たぶん誰もがそう望んでいる。プロ並みの技術を身につけるのは難しいにしても、せめて今よりはうまくなりたいと欲するからスポーツ活動にのめり込む。僕の周りにいる職場の先輩ゴルファーたちは、仕事のスキをみつけてはせっせと練習場に足を運んでおられる。お金も時間も使ってひたすらボールを打ち続けるのは、上達の先に待っている達成感や充実感を求めてのことだ。納得のいくショットを求めて、あるいはスコアアップを目指して多くのゴルファーは練習を繰り返す。

序章で述べたことをまた繰り返すことになるが、スポーツをはじめとする身体運動がもたらす楽しさは、まさにここに集約される。上達が感じられる、つまり以前に比べて少しでも身体をうまく使えるようになることに僕たちは至上の悦《よろこ》びを感じる。

もちろん大きな大会を目指すことも、そこで成績を残すこともスポーツがもたらす楽しさにはちがいない。努力の結晶としての勝利がもたらす達成感は格別である。大袈裟《おおげさ》ではなく、仕事やプライベートなどの公私を問わず、すべてのことが思い通りに運ぶのではないかという根拠のない自信が、沸々《ふつふつ》と腹の底から湧いてくる。たとえそれが思い込みにすぎないとしてもだ。

だけど、勝利や表彰によってもたらされる愉悦《ゆえつ》はあくまでも付加価値であると僕は思っていて、それへと至るもっと手前の「上達への渇望」こそがスポーツの醍醐味《だいごみ》であろう。もっと平易にいえば、「できなかったことができるようになる」。この実感こそがスポーツ愛好者としては、もうたまらんのである。

速く走ることができるようになった、パスがつながるようになった、ねらい通りの地点にキックできるようになった、試合終了までバテることなくプレーできるようになったなどの積み重ねがあってこそ、僕は三十一歳まで現役選手でいられたわけで、たとえ他の誰もが気づかないくらいに些細《ささい》で自己満足的な「できた！」であったとしても、その瞬間は自己肯定感を覚える。この自己肯定感は、「なにごとも努力すれば達成できる」という明るい将来予測を打ち立ててくれる。つまり前向きな思考が可能になる。ポジティブ思考が根を張る土壌がつくられる。

おそらく世のスポーツ愛好者たちは、この「できた！」の中毒性に冒されている。いや、「できた」の中毒性に冒されている人を僕たちは因習的にスポーツ愛好者と呼ぶのだと思う。少なくとも僕はこの先スポーツなしでは生きていけないほど重度の罹患者《りかんしゃ》で、大学教員になった後に実習の講師を務める必要性から始めたスキーにも、すっかり夢中になった。ブーツも板も新調し、プライベートでも雪山に足を運ぶようになった。雪質や斜面にうまく対応して滑ることができたときの心地よさはなんともたまらない。これも「できた！」がもたらす愉悦のおかげであり、また次の「できた！」を追いかけ、その達成後にまた次の「できた！」を追いかけ……というふうに、ずっと「できた！」を追いかけていくことで見事にはまり込んでしまった。

ちなみに僕の上達ぶりはなかなからしく、スキーを専門とされている先生からは毎年お褒《ほ》めの言葉を頂いている。かつてのラグビー仲間は「お前が白銀の世界で華麗《かれい》に滑っている姿がどうしても想像できない」と言うが、大きなお世話である。

うん、ちょっとした自慢である。失礼。

「方法」だけでは上達しない

さて、このように、スポーツに関してはのめり込めば達成できるまではけっしてやめない、まるでスッポンみたいに食いつく僕であるが、その食いつき方には一家言《いっかげん》ある。何らかの技術を身につける、つまりできることを増やして身体を拡張するにはコツがある。

それは「感覚を深める」という意識である。

体育の授業を思い出してほしい。体育教師は課題である動作の「方法」を主に指導する。投げ方や蹴《け》り方、マット運動での動きや跳び箱の跳び方などでは、手の出し方や足の振り出し方、視線の置きどころ、回りはじめるタイミング、足の開き具合などについて詳しく説明されたはずである。場合によっては膝《ひざ》や肘《ひじ》の角度を数字で指示されたりもしただろう。

こうした教師の指示通りに動くことの難しさは周知の通りだと思うが、逆に、指示された通りに行なえば難なくその動作ができるようになるかといえば、そんなことはない。むしろロボットのような動きになる。たとえば、「投動作」の説明は「肘は肩より高く上げて腕を前方に振り出す」になる。この通りに「動こう・動かなければ」と思えば、間違いなくぎこちない動きになる。なぜならそこには「感覚」が働いていないからだ。先ほども少し触れたが、身体を動かすために必要不可欠な「感覚」は、言葉に囚《とら》われている状態では働きにくくなる。

ではどうすればよいか。僕は、これらの具体的な〝方法〟の指示には、それほど真剣に耳を傾けないようにしている。必要以上に言葉に縛られるのを避けるためである。いつでも手放せるような軽い感じで言葉を飲み込む。だいたいの方法さえわかっていれば、あとは自分の身体を使って実際に試すしかないからだ。

「肘は高く上げないとあかんのか」くらいの理解にとどめておいて、とにかく投げてみる。もしうまくいかなければ、どこが悪かったのかに意識を向けつつ、再度、投げる。少しうまくいったぞ、でもなぜうまくいったのかわからないから、もう一回、投げてみる。うん、さっきよりなんとなく「しっくりきた」ぞ。じゃ、もう一回……。という具合に、自らの内側に感じる「感覚」をフル稼働させて、その動きの「しっくりくる」ポイントを探るのである。それでもダメならうまくできる人の動きをしっかり見る。そして真似《まね》る。あくまでも「言葉」は指し示すもの。頼るのは「感覚」だ。

では、うまく身体を使えたかどうか、ここでは投動作ができたときになるが、その正否はどう判断すればよいのか。それは教師や近くにいる大人に見てもらわなければわからないだろうと思うかもしれないが、じつはそうではない。すべて身体が知っている。「感覚」からなにがしかのメッセージが返ってくる。「感覚を深めよう」「〝しっくり〟を探そう」という意識を持てば、うまくできた瞬間にはなんともいえない心地よさが感じられる。これは頭ではなく身体でわかる。

体育教師は体を外側から見ているにすぎず、当の本人がどんな感覚でその動作を行なっているのかはあくまでもブラックボックスの中である。だから「正しいフォーム」かどうかを観察することはできても、どのような「感覚」で行なっているのかまでは原理的にわからない。もちろんそこを見ようと尽力する教師もいないではないが、そこまで丁寧な指導を受ける機会はなかなか少ない。

なぜならほとんどの体育教師はすべての競技のスペシャリストではないため、競技経験の中で培《つちか》うはずの「感覚を伴う動き」が備わっていない。平たくいえば教科書的な動き方をなぞっているにすぎない。つまり言葉の上での動きだ。

また、部活動では県大会や国体などの競技成績を問われる傾向にあり、長くても三年という時間に縛られるため性急な指導がなされがちである。すべての環境がそうだと断言はできないにしても、往々にしてその傾向にある。つまり個々人の上達、「感覚」の深まりを悠長に待っている時間がないのである。

これらのことを鑑《かんが》みれば、ひとりの選手や児童、生徒の上達を最優先の目的に掲げてのスポーツ活動は絶滅危惧《きぐ》に晒されていると言わざるをえない。十代の子供たちがこうしたスポーツ環境をくぐり抜けるためにはどうすればよいか。それは学ぶ側がこうした指導に積極的にアジャストしていくしかない。その仕方が、「感覚を深める」という意識なのである。

言葉の捉え方が上達を左右する

ここまでくれば冒頭に挙げた問いに対する答えを導き出すことができる。同じ練習であっても上達に差が生まれるのはなぜか。

それは言葉の捉え方が違うのだ。言葉の咀嚼《そしゃく》の仕方が違う。言葉は動きを指し示すもので、その動きに到達するためには感覚を辿るしかない。言葉を手放し、「感覚を深める」という構えこそが、運動能力を高めるためには必要である。「方法」や「理論」ではなく「感覚」を拠りどころにすれば、そこには努力や工夫の余地が生まれ、「できた！」が生まれる。そして連鎖する。

たしかに先天的な運動能力の高さや持って生まれた性格の良し悪しは、運動能力向上には大きく影響する。トップアスリートになれるかどうかを考えれば、先天的能力や性格は大きく影響してくるだろう。だが、これらはあくまでもひとつの要因でしかなく、主因ではない。僕が知るトップアスリートは例外なく努力の人であった。先天的な運動能力や性格を備え持つだけで極められるほど、スポーツの世界は甘くない。そこには彼らに固有の努力の仕方がある。僕たちは先天的な運動能力に恵まれた人がトップアスリートになると思っているが、じつはそうではない。「一を聞いて十を知る」上達の達人が、時間をかけてトップアスリートへと成長していくのである。だからこそ彼らの上達の仕方を学ぶことには大きな意味がある。

先生や指導者が言葉を通じて指し示そうとしている動きを、自分自身の身体や感覚で掴もうと努めよう。それだけでなにかが変わりはじめる。あとは「ああでもない、こうでもない」と試行錯誤すればよい。

感覚を深める。動きを習得するための原点はここにある。

ラクをするんじゃないんです

「苦しいほどいい練習」は勘違い

「なるほど勘違いをしているのか」と気がついたのはつい最近のこと。それなら講義やゼミ、はたまたそれ以外の時間でずっと口にしてきた「スポーツではとにかく楽しむことが大切だ」というあの話は、学生たちの心に響くことなくただ素通りしていたことになるぞ。うむ、そういうことか。だからあんなに複雑な表情を浮かべていたのだな。なるほど。

結論からいうと、部活動に励む学生のほとんどはどうやらスポーツを楽しめていないらしい。正確には「楽しむ」の意味をはき違えているということで、どうも「楽しむ」と「ラクをする」を混同しているように見受けられる。

練習中に白い歯を見せたり、冗談を言って場を和《なご》ませたりするのはあまりよくないことだと、自制しているきらいがある。だからいくら「楽しむことの意義」についてあれこれ話をしたところでピンとこなかったのだろう。「なにごとも楽しむからいいパフォーマンスが発揮できるんだ」と口角泡《こうかくあわ》を飛ばしても、複雑な表情を浮かべて苦笑いしていたのは、たぶんそういうことだったのだと思う。

さりとてこんなふうに言ってのける僕も、大学生のころは「楽しむ」と「ラクをする」の違いなんてわかっていなかった。それこそ考えたこともなかった。十数年にわたって競技を続けるなかでだんだん理解できたのであり、しかもそれは理解しただけであって、十分に実践できたかといえばそうでもない気がするので、これについてエラそうに語るにはいささかくすぐったい気持ちが拭《ぬぐ》えない。

でも、この「楽しむ」が、スポーツをする上でもっとも大切な心がけであることを知ってしまった以上はやはり伝えていかなければならないし、長きにわたる競技経験を有する僕にはその義務がある。それに少し前までは、オリンピック選手など国を代表する立場にある者が口にするにはお気楽すぎると批判する向きがあったことを考えれば、ひとつここらで「楽しむ」の意味について吟味《ぎんみ》しておく必要があるだろう。そもそも僕自身がなにをするにもまだまだ眉間《みけん》に皺《しわ》が寄ってしまう未熟者ではあるが、そこは大目に見ていただくことにして考察を試みたい。

学生たちが「ラクをしてはいけない」と、ほとんど頑《かたく》なに思い込んでいる理由にはすぐ思い至る。高校までの部活動で知らず知らずのうちに身についたことは想像に難《かた》くない。

全員ではないにしても、僕が所属する学科に通うほとんどの学生たちは、高校までわりと厳しい環境で部活動に励んできている。中にはインターハイに出場した選手もちらほらいて、学業以外のほとんどの時間を部活動に捧げてきた学生も多い。朝練もあり、年間を通して休みもほとんどないような高校時代をこれまで過ごしてきた学生もいる。

高校時代、運動部に所属していれば、多かれ少なかれ部活動中心の生活を余儀なくされる。しかも顧問による指導は往々にして「ラクすること」を許さない。部活動の目的は競技力向上のみならず「生活指導」をも含むわけだから、怠惰な気持ちを戒《いまし》めるのは当然といえば当然ではある。

競技力の向上を目指すなら「ラクをしてはいけない」。いや、競技力だけでなくなにごとにおいても「ラクをして」向上することはありえない。成長や発達、上達にはそれ相応の苦しみがつきまとうのは世の常であり、だから高校までの部活動で身につけたこの教訓はとても大切である。これには異論を挟む余地もなく正論であることを僕は進んで認める。

「ラクをする」と「楽しむ」は違う

だがしかし、である。問題はここからなのだ。

この「ラクをしてはいけない」という教えを強固なまでに身体化すると、とても厄介なことになる。「楽しみ」を忌避《きひ》するようになるからだ。常に表情が厳しくなり、身体には緊張が張りつめる。なにごとにもぴりぴりとシリアスに取り組まざるをえなくなる。苦しければ苦しいほど、しんどければしんどいほど、いい練習なのだと勘違いするようになってしまう。つまり、苦しさを求めるクセがつく。

この過度な刷り込みを避けるべくここではっきりさせておきたいのは、「ラクをする」と「楽しむ」は決定的に位相が異なるということである。この違いを明確にしておかないことには、この落とし穴からは抜け出せない。なぜなら「楽しむ」は、パフォーマンスの次数をひとつ繰り上げるためには避けて通ることのできないこころ構えだからである。

誤解してもらっては困るのだが、ただ楽しさに興じることが「楽しむ」ではない。その字面からもわかるようにそこには主体的な意志が含まれている。もし、なんの努力をせずとも楽しさが感じられる情況に身を置いているとするならば、わざわざ「楽しむ」必要などない。愉快な雰囲気にただ流されていれば楽しさを感じることができるのだから、そこに主体的な意志が芽生えることはない。とくに強い意志をもって楽しさを追求しなくてもよい。

つまり僕たちが「楽しむ」という言葉を口にするとき、その時点ですでになんらかの苦しさやしんどさを含んでいる。苦しさやしんどさに心がヒリヒリするからこそ、それらに流されてしまわないように主体的な意志で私たちは「楽しもう」とするのである。

ソウルオリンピックで金メダルを獲得した元水泳選手で順天堂大学教授の鈴木大地氏は、二〇〇八年、毎日新聞でのアスリート新春座談会で「楽しいの本質」について次のように語っている。

「その『楽』という言葉がすごく難しい。僕はソウル大会で金メダルを取った後に米国に武者修行して、すごく楽しかった。それで同じ字だけど、僕は楽をして金メダルを取ろうと間違えて失敗をした。『楽しい』の本質がわかれば、いい感じでいけるのではないか。そういう感じですよね」

「ラクをする」と「楽しむ」の違いを意識化しているのがよくわかる。

金メダリストですら掴み損ねてしまうほど「楽しむ」という感覚は朧《おぼろ》げである。だから、今、楽しめないからといって自分を責める必要などない。もしかすると雲を掴むような話に聞こえるかもしれないが、とりあえず今は「ラクをする」と「楽しむ」の違いを明確にしておけばいい。大切なのは努力の方向性を修正するということだ。苦しみではなく楽しみを追いかけるように心がける。それが「楽しむスポーツ」というステージへの第一歩となる。

大学生になれば練習中に笑ってもいいし、少しくらいふざけてもいいのになあと、学生たちを見ていて僕は感じる。自分の枠組みの外に出るにはいかなる苦境におかれても笑っていられるほどの強靭《きょうじん》な精神が必要で、その強靭さを担保するのはどちらかといえば緊張ではなく弛緩《しかん》である。心とカラダをどれだけ緩めることができるかによって、発揮されるパフォーマンスは決まる。

そして、「楽しむ」ことなしには絶対に乗り越えられない壁がもっと先に待っている。

「鍛錬とは、苦しさを苦しくなく経過できるようになることだ。苦しさに耐えていることは鍛錬ではない」

野口晴哉《はるちか》氏のこの言葉がすべてを物語っている。

かくいう僕だって日々のあれこれを楽しめているかといえば、まだ全然できていない。せめて眉間に皺が寄らないようにだけは気をつけようと決めてから、もう何年が経過しただろうか。

「ラクをしない」から「楽しむ」へ。まっ、気楽にいこう。へへっ。

雨が呼び覚ますもの

「泥臭い」のがスポーツの原点

雨の中をグラウンドに駆け出すには思い切りがいる。一度、濡れてしまえば諦めもつくが、ジャージやスパイクや頭髪がたっぷり水分を含むまで、雨はとても不快なものとして身体にまとわりつく。昼なのに夜みたいな空の日は、もうそれだけで気分が沈みがちになる。こんな日に練習するなんてどうかしている、雨でも練習や試合をするラグビーというスポーツはやっぱり変だよなと、今まさに雨中に駆け出そうとする瞬間はいつもこんなふうに思っていた。

社会人になってからは天然芝のグラウンドだったので、雨が降ってもそれほどジャージは汚れなかった。しかし大学時代までは土だったので、まとまった雨が降れば当然のようにあちらこちらに水たまりができてグチャグチャになる。幼い子供がやるように長靴を履いてピシャピシャするくらいなら大して苦にならないが、上滑りする水たまりの上を走り回り、ときに頭から滑り込むようにボールを確保する「セービング」をするとなればそうはいかない。鼻や口、目や耳に泥が入る。舌の上で小石がじゃりじゃりと音を立てるし、泥が沁《し》みてしばらく目が開けられないこともある。

そんなだから、いくら撥水性《はっすいせい》の高いウインドブレーカーを着たところで防水効果はほとんどなく、たっぷりの水分を吸い込んだそれは皮膚に張りついて身体のあらゆる動きを阻害する。だから雨の日は短パンとジャージのほうが伸びやかにプレーできる。もちろん寒さは我慢しなければならないが。

練習だけでなく試合も雨天決行である。というのは本末転倒で、どんな天候でも試合が行なわれるからそれに備えて練習も行なうというのが、正しい論理である。いかなる天候であってもプレーするのが、ラグビーというスポーツの本質なのだ。

近代スポーツのほとんどは、産業革命期のイギリスにおいて、パブリックスクールに通う学生たちがルールを考案したとされている。創始者としての彼らの念頭にあったのは「強靭な身体」であった。いずれ国家を支える人物になることを求められた彼らは、海外の植民地でも健康を害することなく、言葉も文化も異なる人たちを統治する能力を身につける必要があった。そのためには肉体的にも精神的にも「強靭」であらねばならない。過酷な環境に臆することなくどれだけパフォーマンスを落とさずに発揮できるかを勝利よりも重視したのは、想像に難くない。遠く異国の地に赴任してもそこでたくましく生きる。現地の人たちを威圧できる体つきや顔つき、言葉遣いなどを、スポーツを通じて身につけようとしたのである。

これが近代スポーツの始まりであり、ラグビーもその中に含まれる。

だからもちろん雪が降ってもやる。

有名なのは一九八七年の関東大学対抗戦における早稲田大学vs明治大学である。ラグビーファンのあいだでは「雪の早明戦」と呼ばれる、あの試合だ。そのころ小学生だった僕は試合の様子を知る由もないので、これを機に映像を見返してみた。

ところどころに雪が残るグラウンドで、両チームの選手は縦横無尽《じゅうおうむじん》に走り回っていた。ラグビーでは汗が乾いて選手の身体が湯気を発することはそう珍しくないが、その日はよほど気温が低かったのだろう。スクラムから立ち上る湯気の白さは際立っていた。試合は早稲田が一〇対七で勝利を収めている。ノーサイド直前の攻防は白熱し、三点差を追いかける明治大学の必死のアタックを、早稲田大学が魂のこもったタックルで防ぐその様《さま》には思わず拳《こぶし》を握りしめた。

ラグビー界で語り種となっている大きな理由が、雪という悪天候をものともしない彼らの奮闘にあることは一目瞭然《りょうぜん》であった。

ただし、降雪によって試合が延期されたことが過去にないわけではない。

一九九六年の日本選手権大会は降雪のために中止となり、翌週に順延となった。「どんな天候でも行なうのがラグビーだ」と思い込んでいた当時二十一歳だった僕は、悪天候による試合の中止に驚きを禁じ得なかったが、その理由を聞いて安堵《あんど》する。観客席の雪かきが間に合わないことがまずひとつ目の理由。そして、交通機関の乱れにより観客がスタジアムに辿り着けないからというのがもうひとつの理由。つまり、グラウンド状態が悪く選手が満足なプレーができないからではなく、観客が足を運ぶことができず、たとえ辿り着いても座席に座ることができないという観客側の諸事情により中止・順延となったのである。選手ではなく観客の安全を考慮してのことだったのだ。

「どんな天候でも行なう」というラグビーの泥臭さをどこかで誇りに感じていた僕は、静かに胸を撫《な》で下ろしたのだった。

しかしながら、この「より安全を考慮して」という配慮は近年、加速している。ちょうどこの原稿を書いているときに、二〇一三－二〇一四シーズンの社会人ナンバーワンを決めるトップリーグファイナルが、「豪雪」の影響で中止・延期になったという情報が飛び込んできた。トップリーグオフィシャルサイトによれば、その理由は「降雪の影響により、観客、選手の安全確保及び、競技の運営ができないと判断したため」とある。文言にある「選手の安全確保」が気にかかる。試合でプレーする際の安全なのか、スタジアムへの移動の際の安全なのかが判然としないが、僕としては後者であってほしいと願う。どんな情況であってもプレーするのがラグビーの本質なのだから、ここだけはスポイルしないでもらいたい。

雪ならまだしも大雨の影響で試合が中止になるというケースも増えている。主たる理由は交通機関の混乱など試合運営上の問題なのだが、これを後押しするのが「より安全を考慮して」というある種のムードともいうべき時代の趨勢《すうせい》である。ここには「各方面からのクレームを恐れての忖度《そんたく》」という問題も根深いところで絡んでいる。それらを鑑みた上で、小声で本音を言えば、「雨でも風でも雪でも嵐でもやろうよ、それがラグビーってもんじゃないの」である。おそらく現場におられる指導者も、ラグビー経験者なら本音のところではそう感じている人が多いのではないだろうか。

身体とは環境に応じてその実を変化させるものであり、「より安全に」が過剰に求められる社会でワイルドな身体能力が身につくことはない。だからといって、むやみやたらに環境を厳しくするのは短絡的だとしても、せめてラグビーは他とは違って「泥臭い」スポーツであることだけは忘れないでいたい。非日常性が横溢《おういつ》する時間・空間こそがスポーツであり、その中でもとりわけ「野蛮」な種目がラグビーなのである。そこは大切に守っていきたいものである。

ずぶ濡れになってわかること

雨中の練習についての話をしているのだった。

あくまでも経験則であることを前置きしておくが、雨中の練習は身体を錬磨《れんま》するには絶好の機会であると僕は考えている。雨中に駆け出すには「思い切り」がいると先に書いたが、家の中もしくは軒下《のきした》から雨の景色を眺めているとき、その雨はあくまでも客観的なものとして意識される。雨足《あまあし》の強さとか、粒の大きさとか、濡れたらどうなるとかを気にしているあいだは、あくまでも自分の身体の外部に雨がある。

その状態から意を決して雨中に飛び込む。すると、だんだん雨が自分と一体化してくるのがわかる。最初のうちは顔を打ちつける雨粒が気になったりもするが、時間が経つとそれもなくなる。まつげの上や鼻の先から滴《したた》り落ちる水滴も、気になるのは最初だけ。水分を吸収して重くなったジャージやスパイクで水たまりだらけのグラウンドを走る不便さも、気になるのは最初だけで、いつのまにか雨の中にいることがデフォルトになる。

そこでは、晴天時と比較して「いつもみたいに走れない」という言い訳は通用しない。ぬかるみの中で足を滑らさないように走る、あるいは、ぶつかっても倒れない安定性を確保するためにスタンスを広げて重心を低くするなどの工夫が必要となる。雨中という環境に一刻も早くアジャストしなければ満足なプレーはできない。ボールも滑りやすい、キックも飛ばない、そんな条件をすべて飲み込んだ上でプレーを選択しないことには、ハイパフォーマンスは望めない。つまり、雨の中で「ああでもない、こうでもない」ともがくなかで、晴天時とは異なる身体運用が身についていく。

これが「雨と一体化する」という意味である。

パフォーマンスを、筋力などカラダのほうからではなく、その外部である自然環境のほうから考えてみる絶好の機会が雨天時の練習だ。いくら筋力をつけたところで雨天時のパフォーマンスが高まることはないと僕は感じている。むしろ筋力に頼る走り方や動き方は足場が悪く視界も狭い悪天候におけるプレーを阻害する方向に作用するのではないかとさえ思う。それはつまり、身体の内側からではなく外側からパフォーマンスを考えるという、身体運動に関するもっとも普遍的な問題と相反するからだ。「筋力に頼る」という心性は、自らの身体ありきで、つまり内側からパフォーマンスを考えることにほかならない。

「いつもみたいに動けない」を言い訳にするか、それともすべてを受け入れてそこから工夫を凝《こ》らしてみるか。この違いはとてつもなく大きい。ずぶ濡れになってわかることは、ずぶ濡れになってみないとわからない。思い切って飛び込んでみれば、わかる。

雨は、眠っていた身体感覚を呼び覚ます。間違いない。

「理想のフォーム」ってなんのこと？

人の動きは千差万別

親父の影響で小学生のときはよくプロ野球を観た。

僕の親父は大の巨人ファンで、王・長嶋に心を鷲掴《わしづか》みにされていた。その影響をもろに受けてか、僕は通学のときも遊ぶときも常に巨人帽を被《かぶ》っている小学生であった。もちろん好きなスポーツは野球で、放課後は友達がみつかれば試合やキャッチボールをしたし、ひとりのときは「壁当て」をする根っからの野球少年であった。「九回裏ツーアウト満塁でフルカウント。絶体絶命のピンチに立たされた平尾投手、振りかぶって～投げました」なんて頭の中で実況中継をしながら、ひたすら壁に向かってボールを投げていたのがありありと思い出される。あれは確か小学校の低学年のころだから、今から三十年も前になる。

同年代なら憶えている人もいるかと思うが、当時、カルビーから「プロ野球チップス」が発売されていた。付録に選手カードがついていて、表には写真、裏面にはその選手の実績とちょっとしたエピソードが書かれており、野球好きの少年たちが胸をときめかせるには十分だった。僕はこのカードを必死になって集めていた。同じような時期に流行したビックリマンチョコのカードも収集したけれど、のめり込み方はプロ野球チップスのほうが明らかに深かった。親からまとめ買いを禁止されていたので、一袋三〇円のそれを一〇〇円で三つ買って一〇円のお釣りをもらうというのがワンサイクルで、カードの入った三枚の袋を一枚ずつ破いていくときのワクワク感は今でも忘れられない。

子供のときに憧れたものは強烈な印象として記憶に残るものである。

あのころの巨人に所属していた選手は今でもはっきりと憶えている。

投手なら、江川卓《すぐる》、槙原《まきはら》（寛己《ひろみ》）、西本聖《たかし》、定岡正二、鹿取《かとり》（義隆《よしたか》）、角三男《すみみつお》、新浦《にうら》（壽夫《ひさお》）。野手なら松本匡史《ただし》、篠塚（利夫）、（ウォーレン・）クロマティ、原辰徳《たつのり》、吉村（禎章《さだあき》）、中畑清、河埜《こうの》和正、山倉（和博）。この並びを打順だとわかったあなたはなかなかのジャイアンツ通だ。ちなみに氏名の括弧《かっこ》付けは、どうしても思い起こせずにネットで調べて初めてわかったという意味。名字は確実に記憶していたのだが、下の名前とその漢字が意外にも忘却の彼方にあったことがわりと悔しい。「はっきりと憶えている」は嘘だった。

話が逸《そ》れた。

僕が書きたいのは幼いころに巨人ファンだったことでも、プロ野球カードの収集癖についてでもない。「理想のフォーム」の欺瞞《ぎまん》について書こうとしていたのであった。あのころ父の横で毎日のように巨人戦を見続けるなかで気になったのは、「選手それぞれにいろいろな投げ方や打ち方がある」ってことだった。

お尻をぷりっと突き出すクロマティ。

左肩に顎《あご》をのせて構える原辰徳。

バットを高い位置からシャープに振り抜く篠塚利夫。

たまに左脚を高々と振り上げて投げる西本聖。

また、巨人ではないけれど、ヤクルトにいた八重樫幸雄《やえがしゆきお》も特徴的で、いわゆるオープンスタンスで構える選手だった。投手に対して正対《せいたい》するほど身体を開くのだ。

(あんなんでよく打てるよな)

と、子供心に思ったものだ。一般的に「ガニ股《また》打法」といえば種田仁《たねだひとし》（中日他）となるが、僕にとっては八重樫幸雄である。

こうして挙げていけばキリがないけれど、誰もみな個性的な打ち方投げ方でファンを魅了していた。

僕はそんな選手の物真似をするのが好きで、父がよろこんでくれるのも手伝ってかよく家で披露《ひろう》した。中でも「江川卓のキャッチャーのサインに首を振るときの様と投げ終えたときのふわっとした仕草《しぐさ》」「角三男の投球中に腰を折ったときの格好」「河埜和正のしつこいくらいにホームベースの周りをバットの先で突いてから構えに入る一連の動作」が、父にはお気に入りだったようである。

親のよろこぶ姿を子がうれしく思うのは世の常である。ゲラゲラ笑う父の姿に気分がよくなり、調子に乗って動きを過剰に「盛る」ようになったのはいうまでもない。今となってはできないし、映像が残っていないので確かめる術《すべ》はないけれど、おそらくそっくりだったにちがいない。

当時のプロ野球事情を知らない人にとっては皆目見当《かいもく》のつかない話だろうが、なにもこれはあの時代に限ったことではない。プロ野球のみならずあらゆるスポーツを見れば、

「人間の動きは千差万別」であることは実感できるはずである。投げ方、打ち方、蹴り方、走り方、ラグビーならぶつかり方もそうだが、これらの動き方は人それぞれ、みんな違う。

何を今さら当たり前のことをあらたまって言うのだ、と思った人もいるかもしれない。だが、ここに身体運動を考えるときにはけっして見過せない重要なポイントがある。運動を教える人と学ぶ人のあいだでボタンの掛け違いが起こる、最初の「難所」だと僕は考えている。「理想のフォーム」に近づけるべく細部にわたっての指導を懸命に行なう指導者と、その指導に引っ張られて感覚が置き去りにされている子供および選手。この隔たりは「理想のフォーム神話」が生み出している。

「人間の動きは千差万別」。これは言い換えれば「理想のフォーム」なんてないってことである。そうなのだ、どのような運動であっても、第三者が外観的にその正否を判断できる基準としての「理想のフォーム」など、ない。

弱点から生まれたウサイン・ボルトのフォーム

一〇〇メートル走の世界記録保持者であるウサイン・ボルト選手は、みなさんおそらくご存じだろう。九秒五八という驚異的な記録と愛嬌《あいきょう》のある仕草で世界を席巻《せっけん》している彼の走り方は、際立って他の選手と異なっている。上体を左右に振りながら走るその様子は、二メートル近い長身と相まって滑稽《こっけい》ですらある。「ゆらゆらと疾走《しっそう》する」ようなあの走り方はなぜだか見る者をワクワクさせる。それに、見方によればふざけているかのように映る、レース前のあの独特なポーズも印象的だ。

なぜ彼はこのような独特な走り方をするのだろう。

彼を特集したNHKのドキュメント番組を見ると驚くべき事実が判明した。彼は生まれつきの病を抱えており、それを克服するために身につけたのがあの走り方だというのである。病名は「脊柱側彎症《せきちゅうそくわんしょう》」。なんと生まれたときから背骨が曲がっている。「曲がった背骨」から生じるロスを、上体を揺らすことで軽減させているのだという。

もちろんその反動はある。

上体を揺らして走るあの走り方は、太腿《ふともも》の後ろ側の筋肉であるハムストリングスに過度な負荷がかかり、肉離れが起こりやすくなる。事実、若かりしころはこの肉離れに苦しんだ。まだ実績を積む前に、祖国の期待を背負って出場した国際大会では肉離れを起こし、まさかの棄権《きけん》を余儀なくされた。期待を裏切った代償として国内からは大バッシングが起こり、競技を続ける意欲も枯渇《こかつ》しかけたという。

だが、彼はめげなかった。コーチと二人三脚で肉体改造に取り組み、その結果として、あの「ゆらゆらと疾走する」走り方を身につけたのである。

本来ならば手術を要するほどの病を彼は陸上競技を続けたい一心で克服し、世界一の称号を手に入れた。生まれつきの病を「言い訳」にせず、そのリスクを受け容れたことにより、世界記録を叩き出すほどのフォームを手に入れた。こうして、彼にとっての理想のフォームは完成されるに至った。

彼の走りを調べた研究者たちは「常識では説明がつかない走りだ」と口を揃えていた。この言明は、僕たちに二つの選択肢を突きつけてくる。ひとつは、「やはりボルト選手はすごい。ボルトだからできる走り方だ」と、自分の住む世界とは次元が異なる世界でのお話として片づけ、常識にあてはまらない特別な走り方として「例外」の中に登録することである。もうひとつは、常識そのものを見直してみること。つまりこれまで「理想のフォーム」だとされていたものが、じつはそうじゃなかった可能性についてあれこれ考えてみることである。

僕は迷うことなく後者を選ぶ。

幼きころに見た数々のプロ野球選手の個性的なフォームも、同じようにしてつくられたはずだ。ボルト選手みたいに病を抱えることはないにしても、ある種の「できなさ」を抱え込むことで徐々に完成に至ったのではないだろうか。「うまくいかない」という歯嚢《はがゆ》さとつき合うことで、その人にとっての理想のフォームはつくられていく。どうにかしてヒットを打とう、三振を奪おうと、創意工夫をした結果として個性豊かなフォームがかたちづくられた。現役時代に「猛々《たけだけ》しい走り」と称された僕の走り方も、「ディフェンダーを躱《かわ》しつつもスピードを落とさないように」を心がけた末に身についたものだ。

最初はドタバタ走りであってもスタスタ走りであってもかまわない。人と違っていても一向にかまわない。

(今よりもうちょっとだけ速く走りたい)

という控えめな向上心であっても、これがあるだけで自分より速く走れる人の動きに目がいくようにはなる。じっくり見て、模倣することで走り方は変化しはじめる。なにごとも基礎から始めることが大切だというけれど、その基礎が間違っている場合だってある。大切なのは「まずは身体でやってみる」ことで、それは先に述べた「感覚を深める」につながり、やがては身体を動かすことそのものを「楽しめる」ようにもなる。

身長が低くても高くても、体重が軽くても重くても、筋肉量の多寡《たか》および古傷や後遺症まで、全部ひっくるめて面倒をみる覚悟で自らの身体を引き受けよう。そう決意するだけで身体は活き活きと輝きはじめるはずだ。

みんな違って、それでいいのだ。

Column

「敵ながらあっぱれ」の精神

スポーツとレイシズム

二〇一四年度J1リーグの第四節、浦和レッズvs清水エスパルス戦が「無観客試合」となった。

観客がいないのみならず、選手紹介などの場内アナウンスもなく、スポンサー企業の広告看板も掲げなかったというから、その静けさは相当なものだったであろう。

これより二試合前の第二節サガン鳥栖戦で、浦和レッズのサポーターが「JAPANESE ONLY」と大書された横断幕を観客席の出入り口に掲げたことが発端である。わりと大きく報道されたので記憶に残っている人も多いだろう。

僕は驚いた。スポーツという枠組みの中でこうした人種差別主義的な行動が公然と行なわれたことに、である。人類史を振り返れば、スポーツは本来こうした問題を緩和する文化的装置の役割を担ってきた。国家間の紛争や戦争にとって代わるものであり、また動物としての人間が隠し持つ暴力性を発現させ、それを昇華させるものとして、私たちはスポーツという文化を今日まで育んできたはずだ。

現実的には、いき過ぎた競争の結果として勝利至上主義へと陥り、また経済活動のひとつとして商業主義に毒されている面も無きにしもあらずだが、本質的にはそうだったはずなのだ。

たとえば、ある北米先住民族は部族間の争いを解決するのに「丸太かつぎ競争」を行なっていたという。この「丸太かつぎ競争」は、獲物の奪い合いや縄張り争いなどの諍《いさか》いが起こったときに、それぞれの村を代表する男たちによって行なわれた。勝ち負けが決まればそれ以上は争わなかったというから、無駄な血を流さずにすむし、遺恨《いこん》も残らない。

ともすれば民族同士の争いにまで発展しかねない感情のわだかまりを、つくらないでおく知恵。私たちとあなた方が感情によって分かたれないための工夫。それが「丸太かつぎ競争」であった。

これは、僕がラグビーというスポーツを通じて学んだことと密接につながってくる。

勝って驕らず負けて卑屈になるなかれ

ラグビーには、試合終了を「ノーサイド」と称し、試合が終われば敵味方の区別が消滅することを強調する習わしがある。試合中は目一杯《めいっぱい》に争うも、試合終了のホイッスルが鳴ればすべて水に流す。ラガーマンはそれを「ノーサイド精神」と呼び、選手として身につけるべきもっとも高貴な資質として尊ばれている。

それを体現する場に「アフターマッチファ

ンクション」がある。これは、試合後まもなく対戦した相手チームと軽食をとりながら酒を酌《く》み交わすという慣習だ。試合を終え、正装に着替えた選手たちが一堂に会し、暫《しば》しの談笑。そして同席したレフリーからその試合の講評をもらい、互いの健闘を称え合って両主将がエールの交換を行なうというのが大まかな流れである。

イギリスをはじめとするヨーロッパ各国や、ラグビーがさかんなオーストラリアやニュージーランドなどでは、グラウンドに併設されているクラブハウスにて甲斐甲斐《かいがい》しく行なわれている。

大学生のときに遠征したニュージーランドでは、ニューブライトンクラブにお世話になった。グラウンドに併設されたクラブハウスで宿泊したのだが、その建物は一階がロッカールーム、二階はパブという造りになっていた。コックを傾ければジュースもビールも飲み放題。一階にはビリヤード台が置かれてあり、夕食後の僕たちの楽しみは酒を飲みながらの玉突きだった。

試合をした日は二階のパブで「アフターマッチファンクション」を行なう。日本から遠征している僕たちは選手とスタッフだけだったが、相手チームは選手だけでなく家族や友達、かつてそのクラブの選手だった初老の男性や幼い子供たちも交え、みながそのひとときを楽しんでいた。英語が十分に話せない僕たちも、お酒がすすむと羞恥心《しゅうちしん》が薄れて、うろ覚えの単語を乱れ打つことで彼らと一緒にその時間を楽しんだ。

そういえば相手チームの選手たちと「ボートレース」と呼ばれる一気飲み競争もした。なみなみと注がれたビールグラスをそれぞれ五人ずつがリレー形式で飲み干すというもので、「試合に負けても飲みでは負けん！」と躍起《やっき》になっていたのがとても懐かしい。若かりしころはいつでもどこでも勝負を楽しんでいたことがありありと思い出される。

こうした文化は日本ではまだ十分に根づいているとはいえないまでもスタジアム内のミーティングルームや会議室などで簡易的には行なわれている。現在どのように行なわれているのかは定かではないが、少なくとも僕が現役だった二〇〇六年までは全国大会の試合でも行なわれていた。一気飲み競争はしないが、ビールやジュースを飲みながらサンドイッチや巻寿司をつまみつつ、談笑したものである。互いの健闘を讃《たた》え合うこのような場を僕はとてもとても大切に思っていた。

いや、違った。正直に告白する。

まだ二十代も前半のころは、この「アフターマッチファンクション」を七面倒くさいと感じていた。相手国の文化に触れることができる海外遠征時は違うにしても、国内でのそれは煩《わずら》わしいものだった。負けたときは抑えられない悔しさでさっさとスタジアムをあとにしたかったし、勝ったときだって高揚する気持ちのままにチームメイトと早く飲みに行きたかった。負けても勝っても早々にその場から去りたいのに、その気持ちを抑えて「紳士的」に振る舞わねばならない。悔しくて顔も見たくない相手選手との会話にはやせ我慢が必要だし、勝ったときには控えめな言動が求められる。

自制心が求められるこうした場を、若いころはとても億劫《おっくう》に感じていたのである。

しかしながら今となってみれば、「アフターマッチファンクション」の意義は大変よくわかる。試合後にこうした場を持つことの大切さが、時が経つほどにとても身に沁《し》みる。若かりしころにはその存在に理解が及ばなかった「アフターマッチファンクション」は、勝って驕《おご》らず負けて卑屈になるなかれ、という教えを学ぶ場だった。試合をするたびにこの場に身をおくことによって、知らず知らずのうちに体得する、つまり、そうした感情で敵味方が「分かたれる」ことがないようにと、その起源を辿れば北米先住民族にまで至る先人から引き継がれた、「分断しない」という教えを身につける場だったのだ。

幼いころにあれほど負けず嫌いだった僕が、いつのころからか「敗北の美学」とやらを語るようになった。また、相手を叩きのめして勝利を収めることにどれだけの価値があるのか、今では腕組みしながらそれを考えている。勝敗が集団を分かつことの弊害をひどく懸念し、勝者をことさら賞賛する昨今の各種報道には、大いなる違和感を禁じえなくなっている。自分でいうのもなんだが、負けることが何よりも嫌いだったあのころからすればこの変わりようはまさに奇跡と呼んでいい。

近代スポーツはあくまでもゲームである。敵味方に分かれるのは擬制であり、未来永劫《えいごう》にわたって分かたれるわけではない。その試合においてのみただ対峙《たいじ》するにすぎない。敵と味方に分かれることで初めて競い合うことができる。楽しくも厳しいゲームができるのは戦ってくれる敵がいるからである。ともに勝利を目指すという共通目的を有するという点から考えれば、それは敵といえども同志の絆を強くするためにつくられた架空の境界線といえなくもない。

スポーツは「分かつため」でなく、「つながるため」にするもの。そこがわかればこれまでとは違ったスポーツの姿を描くことができる。勝利がもたらす驕りと敗北から生じる屈辱、それらをことごとく解消してどこかに運びさるものがスポーツの本質なのである。

第二章

ラグビーがくれたもの

小学生時代の夢はピアニスト？

これまでにスポーツ新聞や雑誌をはじめとして数々の取材を受けたけれど、その中で幾度となく訊《たず》ねられた質問に「ラグビーを始めたきっかけは？」がある。訊ねられるたびに僕は「友達から誘われて」と答えていた。でも、そう答えるたびに、どこかでなにかちがうというもどかしさを感じていたのは否めない。友達に誘われて始めたのにはちがいないけれど、では友達の誘いに乗ったのはなぜだったのかと考えてみたら、なんとも曖昧《あいまい》ではっきりしないからだ。

この質問からは、「長らく関わってきて、日本一にもなって日本代表にもなったのだから、ラグビーをするにあたってはそれなりの動機が存在するはずだ」というインタビユアーの目論《もくろ》みが透けてみえる。僕とラグビーとの運命的な出逢いについての物語を描こうとしているのだろうが、その目論みに反してどうやら僕にはこの「それなりの動機」というものがないようなのである。

ひとたび世の中に目を移せば、明確な意思に基づいてそのスポーツを始めたアスリートがいる。小学校のときの文集かなにかに「日本代表になる」とか「プロ選手になる」などと書き残している人もいて、選手紹介のくだりで何度も繰り返し用いられたりしている。幼いころに大きな夢を描いたことも、その夢を実現させたことも、どちらもすごいことだと思うのだけれど、僕にはどうもピンとこない。そんなにしっかり将来を見据えた小学生っているのだろうかと、つい訝《いぶか》しんでしまうのは、たぶん僕の性格が天《あま》の邪《じゃ》鬼《く》だからだろう。

ちなみに、母から聞くところによると小学校のときの夢作文なるものに僕は「ピアニストになりたい」と書いていたらしい。逆立ちしてもなれそうにない夢をよくぞ描いたものである。もちろん心当たりはなく、なぜそう書いたのか、当時のことはあまりよく憶えていない。

いや、思い出した。「ピアニストになりたい」と書いた動機はただみんなを驚かせたかっただけだった。休み時間になるや否やドッジボールを抱えてグラウンドにまっしぐらだった小学生の僕は、どこにでもいるようなスポーツ好きの少年で、三年生のときは野球、四年生から六年生まではバスケットボールをしていた。ピアノは幼稚園のときから習ってはいたが、それほど夢中になることはなく練習をサボってばかりいたから、まさかピアニストに本気でなりたいとは考えていなかったはずだ。当時にタイムスリップして本人に訊いてみないと真意のほどはわからないにしても、ピアニストかスポーツ選手かの選択はおそらく、というか絶対に後者を選んだはずだ。つまり僕が小学生のころに書き残した夢は、「いちびった」結果として描かれたものだった。

そういえば毎年どこかの企業が「小学生がなりたい職業ベスト10」なんていうものを発表しているが、あれを見るたびになんともいえない「うさんくささ」を感じるのはまさにこの経験からきている。そもそも小学生が知っている職業など限られているのだから選択肢は極端に少ない。その上、かつての僕みたいに親や周りの誰かを驚かせるために夢や職業を決める子供も少なからずいるのではないか。もしかすると今時の小学生は一昔前に比べて将来設計をしっかり描くようになったのかもしれないが、そんなことをする暇があれば泥んこにまみれたり、つかみ合いの喧嘩をしたり、走ったり転んだりしたほうがいいのではないかというのは余計なお世話だろうか。

夢を描くことは大切だし、夢に向かって生きる日々はもうそれだけで輝かしく充実する。前向きでポジティブに日常を送ることができる。そんなことはよくわかっている。でも、夢はそう簡単に描けるものではない。そこらへんに落ちているわけでもないし、辞書で調べたりネットで検索してもみつかりはしない。「将来の夢」という大袈裟《おおげさ》なものではなく、これから歩むべき道筋を照らすためにあえて目標を定めるという意味での「夢づくり」だったにしても、やはり無理矢理に決めるのはどうかと思う。どうしても描けないときは「まだ今はみつかっていません」と潔い態度でやり過ごせばよいのではないか。そのうち魅力ある人と出逢って何かに目覚めるかもしれないし、ある日なにかのタイミングでみつかるかもしれない。あまり気乗りがしないまま続けているうちにオモシロさに気がついて、「やりたかったことはこれだったのか」と事後的にみつかる夢、というのもある。

うん、その通り。これは自らの経験をもとにしたあくまでも持論でしかない。それはわかっている。だからあまりあてにされても困るのだが、でも実際のところはそんなもんじゃないのかなあと僕は思っている。

「オモシロそう」にはとことん真面目

バスケ部をやめた理由

そんな僕がラグビーと出逢ったのは中学一年生のときだった。

入学してまもないころに全学を挙げてのスポーツテストが実施された。五〇メートル走、垂直跳び、ハンドボール投げなどのいわば一般的な体力テストであり、生まれてこのかた徒競走では負けたことがなく運動会が自らをアピールする絶好の場だった僕は、このテストで抜群の好成績を記録した。とくに五〇メートル走と垂直跳びが際立っていた。

テスト以後、この結果を知った各部活動の顧問から熱心な勧誘を受けた。中でもサッカー部の先生には何度も声をかけていただき、あまりの熱心さに、僕の心は揺れた。

もしもあのときサッカーを選んでいればＪリーガーになれたのだろうか……などという妄想はやめておこう。種目が違えば求められる身体能力は大きく異なる。足だけでボールを扱うことなど僕には到底できそうにないし、タックルを受けて大げさに転《こ》りるポーズをとることもできそうにない。何より自分がサッカーをしている姿を想像することがそもそも困難である。

キーパーならできたかもしれない!?

いや、やっぱりそんなことはないか。

自らの運動神経を過信した無茶な妄想だった。反省。

こうした勧誘を断って僕が入部したのは、ラグビー部ではなくバスケットボール部だった。顧問に勧誘されたことがきっかけではなく、自らやりたいスポーツを選んでの入部だった。理由は単純で、小学校のときにやっていたからである。もっともっとうまくなりたい、と思っていたかどうかは定かではないが、バスケットボールそのものに魅力を感じていたのは事実で、ドリブルで相手を抜き去る瞬間や、リングに触れることなくシュートが決まったあの瞬間がたまらなく心地よかった。今でもたまに大学の体育館でひとりシュート練習をするほどだから、もしあのときやめなければ確実に続けていただろう。のちにラグビー部に入ってからも、衛星放送でマイケル・ジョーダン率いるブルズの試合を食い入るように観たほどだから、競技への思い入れは強かった。とにかくジョーダンのプレーが大好きで、スコッティ・ピッペンとのコンビは抜群だった。

入部後はすぐさまレギュラーを目指して練習に励んだ。しばらくは楽しく充実した時間を過ごしていたが、いつからかクラブの雰囲気に戸惑いを覚えるようになった。なんとなく真剣さに欠けるというか、なにかが物足りない。一所懸命さをぶつける隙間がないというか、情熱が不完全燃焼したときのなんともいえない臭いというか空気感に、いつからか息苦しくなった。

僕に退部を決意させる出来事が起きたのはある日のこと。授業が終わって向かった部室で、キャプテンが「今日はビリヤードに行くから練習は中止な」という一言を残して同級生数人と帰宅してしまった。入部したばかりの一年生としては上級生に意見することなどできずにただ立ち尽くすしかない。仕方なく同級生たちと自主練習をしたものの、実りある練習などできるはずもない。つまらないし、オモシロくない。

こうして突発的に練習が休みになる日が度々あって、僕の意欲はだんだん失われていく。

堪忍袋《かんにんぶくろ》の緒が切れたのはそれからまもなくしたある日。今度は上級生たちが麻雀に行くと言い残してさっさと帰宅してしまった。ビリヤードや麻雀で練習を中止するなどとは言語道断である。「こんなところにいたらアカンわ」と、この「麻雀で中止」が引き金となり即座に退部を決断する。一緒に入部した同級生を裏切ることになるという想いだけが僕をバスケットボールにつなぎ止めようとしたけれど、どうしてもこの生温《なまぬる》い環境には馴染《なじ》むことができなかった。バスケットボールに楽しさを感じていたのにもかかわらずやめたのだから、よほど嫌気が差したのだろう。退部の意思を伝えると顧問の先生は引き止めたけれど、僕の決心は揺るがず、その声は右耳から左耳に空しく抜けるばかりだった。

この話はこれまでにも書いたり話したりしているので、もしかするとご存じの方もいるかもしれない。そのたびに必ずと言っていいほど「真面目だったんですね」と突っ込まれるのだが、たぶんそうじゃない。つい数カ月前にランドセルから卒業したばかりの中学生が、このままでは自分が成長できないからとか、一所懸命さを揶揄《やゆ》するようなチームにはいたくないからなどと、もっともらしい理由を的確に言語化できるとは思えないからである。

十三歳になったばかりの少年が「自分を高める」とか「向上する」という言葉遣いで己の歩もうとする道について語るなんてことはどう考えても不自然すぎる。こうした言葉遣いは、不惑を迎えようとする僕が当時を振り返るときのものであって、だから当時の僕がどのように感じ、考えていたのかを正確に表しているとは言えないだろう。だからその意味では「真面目だった」という指摘は正確ではない。今の僕がちょっと格好つけてあのときの思い出を語っているにすぎない。

こうした脚色を差し引いて、バスケ部をやめようと思った理由をひとことで表すとすれば、「オモシロくなかったから」。もうそれに尽きる。全力を出せないだろう、夢中になって取り組めないだろうという悲観的な予測が働いて、退部を決断したのだと思う。入部してからなんとなく好ましくない雰囲気の中で練習や試合を行なってきて、その違和感がじわじわと心の隅々にまで広がっていき、最終的に「麻雀事件」で許容量をオーバーした。不満でいっぱいになった心のコップがついに溢れてしまった。

だから僕はけっして真面目ではない。真面目どころかいいかげんなヤツである。「オモシロくない」というほぼ一〇〇パーセント感情的な理由からたった半年ほどでやめてしまったのだから。中学一年のあのころの僕はいいかげんなヤツだった。「ならぬことはならぬもの」ではないが、嫌なものは嫌だったのだ。わがままな中坊である。

ただ、少し別の角度からみてみると、こんなふうに考えることもできる。オモシロさの追求に関してだけは真面目だったのかもしれない、と。ひたすら我田引水的な解釈ではあるが、オモシロくないものを遠ざけることに関しては真面目だった。そう言えなくもない。

自分のことをいい加減だとかわがままだと思うのはなかなかストレスフルだし、ずっとそう思い続けるのはちょっとつらい。だから精神衛生上は、「ひとひねりして真面目なのである」と思うようにしている。「そもそもそういうところがわがままだ」という突っ込みはどうかご容赦《ようしゃ》願いたい。

とにもかくにも僕が退部を決意したのは論理的思考を積み重ねた結果ではない。このまま続けたところでオモシロくもなんともないという直感に、真面目になって行動しただけなのであった。

「こいつらと一緒にやれたらいいいな」で始まったラグビー人生

バスケ部を退部したのは、中学に入学してから半年が過ぎようとするころだった。その後は必然的に帰宅部への入部と相成り、次にやるべきこともみつからずにモヤモヤと、でものんびりした時間を過ごした。授業が終わるや否や部活へと散っていく友達を横目に帰宅できる。その優越感を覚えて、この生活もまたいいものかもしれないと、ほんの一瞬だけだがそんなふうに思ったりもした。

だが、根っからのスポーツ少年がこうした生活を退屈に感じないわけがない。

それを察したかのようにタイミングよく声をかけてくれたのがラグビー部の連中だった。見学だけでもいいからひとまず練習にこいよと勧誘された。居場所を失った僕にとって友達からの誘いの言葉はとてもうれしかった。中でもタイラの誘いは熱心で、家に呼ばれて食事を一緒にしながら家族総出で熱烈な勧誘を受けた。父親がラグビー経験者のタイラ家族の誘いがなければもしかしたら入部を決意するまでには至っていなかったかもしれない。だってどうみても痛そうなスポーツだったから。生身の人間同士がありったけの力でぶつかるラグビーに挑戦しようという気にさせてくれたのは、紛れもなくこの一家の熱意があったからだ。いまでは心より感謝している。

それからほどなくして僕はラグビー部に入部する。

僕がラグビーを始めたのは、タイラをはじめとする友達からの呼びかけに応じたにすぎない。間違っても「ラグビーというスポーツに魅せられて」ではない。どちらかといえばラグビーそのものにはほとんど魅力を感じていなかった。未知なるスポーツであるがゆえの好奇心はあったが、やはり「痛そう」で「キツそう」な印象は拭《ぬぐ》えなかった。

しかし、そもそもスポーツの魅力なんてものは、練習や試合を繰り返すなかでだんだん体感されるものではないだろうか。小さな失敗とそれよりちょっとだけ大きな成功を積み重ね、あるときに「まさかこんなにもオモシロいものだったとは！」という驚きをもって目覚めるものだと僕は思っているから、始めるときにさほど魅力を感じていなかったとしても、それは大した問題ではない。もちろん最初から魅力的に感じて始める人もいるだろうから、あくまでも僕の場合はってことだけれど。

熱意を込めて勧められ、熱心に求められた。声をかけてくれたラグビー部の奴らがとにかくオモシロそうにラグビーをしていた。キャラクターが際立つ愉快な奴らだった。こいつらと一緒にやれたらいいなあと思った。そいつらに期待され、歓待されたからこそ僕はラグビーをやってみようという気になったのだ。いうなれば「こっち、こっち」と手招きされるがままに足を踏み出し、呼ばれる声に聴き従った、ただそれだけなのである。だからもしアイツらが野球部だったなら、おそらく僕は野球を選んでいるにちがいない。アイツらが吹奏楽部なら……、いや、それはない。激しく身体を動かすことが好きな僕にとって、吹奏楽はあまりにおとなしすぎる。調子に乗って大袈裟に言いすぎた。すまない。

とにもかくにもアイツらがたまたまラグビー部だったから、僕はラグビーを始めたのである。

バスケ部をやめるときと同様、ここでもまた僕は「オモシロそう」という直感的な判断をもとに行動したことになる。まったくもっていい加減なヤツだ。いや、違った。「ひとひねりした真面目」だった。だがしかし、それから十九年も続けることができて、ラグビーを通じて数々の喜怒哀楽や紆余《うよ》曲折《きよくせつ》を経験したことを思えば、僕の直感もまんざら捨てたものではない。たまたま始めることになったラグビーのことを今では心底からオモシロいと感じているのだから、とても不思議である。これを思えば、じっくり考えて下した決断ではなくとも直感で決めてしまうというのもありなのかもしれない。

いや、むしろ初発の動機が直感だったからこそ、これほどまで深くラグビーに心酔できたのではないか。なぜなら、自分とラグビーのつながりをうまく説明できないあいだは、「なぜ僕はラグビーを選んだのか」という問いをずっと抱えずにはいられないからだ。起源を語ることができないという不能の覚知が、ラグビーへの興味や関心にエネルギーを備給し続けたのではないか。こんなふうに自分とラグビーについての物語をせっせと編んでいること自体が、何よりの証左《しょうさ》だと僕には思われる。なにかを始めるのに明確な理由は必要ない。「オモシロそう」で十分なのだ。たぶん。

偶然が積み重なって

ここまで書いたついでに、あと少しだけ僕とラグビーの物語におつき合いいただきたい。

愉快な仲間たちからの誘いがきっかけとなってラグビーを始めたと先に書いたが、ラグビーというスポーツに触れたのはこのときが初めてではなかった。世の中にはラグビーというちょっと荒っぽいスポーツがある。この事実を知ったのは少し時を遡《さかのぼ》って、小学生のときだった。

家ではほぼ毎晩ビールを飲みながら読売ジャイアンツの試合を観ていた親父に連れられて、東大阪にある近鉄花園ラグビー場に足を運んだのが最初の出逢いだった。とはいってもこのときのことはじつはあまりよく憶えていない。微《かす》かに残る記憶は、生駒山から吹き下ろす風に晒《さら》されての凍えるような寒さと、退屈しのぎにと買ってもらったミスタードーナツの味だけである。目の前で繰り広げられている試合が、どの年代の、どことどこの対戦だったのかなんて皆目《かいもく》記憶に残ってはいない。ただそれがラグビーだったということだけははっきり憶えている。

あまりの寒さに「早く帰りたい」と念じながらドーナツを齧《かじ》っていた当時の僕は、将来、まさか自分がそれに携わることになろうとは知る由もなかった。

さらにもうひとつ。

ある年の家族旅行で伊勢に行った帰りの車中で、親父が聞き耳を立てていたのがラジオからのラグビー中継だった。実況の興奮と歓声の強弱に親父の一喜一憂が加わり、車中はスタジアムさながらの雰囲気。後部座席でふざけ合う僕と弟に、興奮気味の親父はあれこれ解説してくれた。トライが何点だとか、ボールが楕円《だえん》球だとか、ノックオンという反則があるとかないとか。もちろんそのほとんどは記憶に残っていない。ただ、そうして話してくれた中でただひとつ、強烈な印象を伴って憶えていることがある。それは「痛み止めの注射を打ちながら試合に出ている選手がいる」というものだった。

ラグビーに詳しい方ならもうおわかりだろう。

その試合がラグビー史に残る名勝負だとわかったのは、それから十数年が経ってからである。痛み止めの注射を打っていたのはラグビー界で今もなお有名な松尾雄治《ゆうじ》氏。あの日ラジオから流れていた試合は、松尾選手率いる新日鐵釜石が日本選手権七連覇をかけて戦った同志社大学との試合だったのである。のちに僕が同志社大学のジャージに袖を通し、その試合に出場していた平尾誠二氏が監督を務める日本代表メンバーに選ばれることになろうとは、夢にも思わなかった。

言ってみればいくつもの偶然が積み重なって、僕はラグビーというスポーツを始めたということである。一見すればいい加減な始まり方でも、長きにわたって携わることになり、また引退した今になっても研究者として関わり続けていることを思えば、やや大袈裟な物言いだが運命というほかはないのだろう。運命だったと感じるのは十九年も続けてきたからであり、十三歳のときに「運命的な出逢い」を感じることなんてまったくなかった。そこから考えるとまさしく「継続は力なり」である。運命かどうかは事後的に感じるものなのだ。たくさん怪我して、今でも後遺症が残る身ではあるが、ここまできたら死ぬまで添い遂《と》げるしかないと思っている。

恩師のことば

日本代表に導いたツルのひと声

僕がラグビーを始めるにあたっては「それなりの動機」などなかったことがおわかりいただけたかと思う。友だちから誘われるままに「何となくオモシロそうだから」という他力本願的な動機から、ラグビー選手としての人生がスタートしたわけである。出だしがそんなだったからか、ラグビー人生を通じてやめようと思ったことは、じつは何度もある。中でも、もっとも危機的な情況だったのは高校一年のときであった。あのとき、何らかの誘惑が僕を連れ去っていればおそらくラグビーをやめていただろう。それほどに足下《あしもと》がふらついた時期だった。

僕が通っていたのは私立の中高一貫校で男子校。だから同じチームメイトと変わらず六年間を共にする。高校から新たに入学してくる生徒の中から数人の新入部員が加わり、またいろいろな理由から数人が退部したので幾人《いくにん》かの出入りはあったものの、ほとんど同じメンバーで六年間を過ごした。

高校一年生になって、とはいっても同じ敷地内だから主に使用する校舎が変わるだけで、実感としては「中学四年生」。これまでとほとんど変わりのない生活が始まったにすぎなかった。あらたに入学してきたのが七クラス中の二クラスだからそれなりに様変わりしたものの、通う場所が同じだとどうにもマンネリを感じてしまうのも無理はなかった。なにか決定的な原因があったわけではないが、とにかく「オモシロくない」。僕は練習をサボりがちになり、夏休みの大半をズル休みした。熱が出たと嘘をつき、冷房の効いた部屋でテレビゲームをしていたのが思い出される。

十六歳の夏休み、僕は引きこもっていた。とくになにをするわけでもなく。

夏休みも終わりごろになって、たまたま練習に顔を出した日だ。練習が終わってすぐ、僕らが陰で「ツル」と呼んでいる顧問（清鶴敏也《きよつるとしや》先生）に呼び止められて、こっぴどく叱られた。グラウンドの端っこで長い説教を食らった。いきなり怒鳴られ、怠け癖を正すための常套句《じょうとうく》を畳み掛けられる。当然のことながら僕は不貞腐《ふてくさ》れる。チームメイトにちらちら見られていることを気にしつつ、ただ反省している態度を示すべく俯《うつむ》き加減で直立するしかなかった。しかしながら説教というものはヒートアップしてくるのが相場と決まっている。こちらの思惑通りにはいかず、だんだん語気も強まってくる。それにつられて頭がガンガンしてくる。不快指数マックスのその場から逃れるために、意識を中空に飛ばして凌《しの》いだ。

そうして説教の終焉《しゅうえん》をいまかいまかと待ち侘《わ》びていたときだった。

顧問の口から放たれたある言葉に僕は不意をつかれた。

「がんばれば日本代表になれるかもしれないのに、なにをやっているんだ！」

中空を彷徨《さまよ》っていたはずの意識は一瞬にしてこの場に舞い戻る。たしか目の前にいる顧問は僕を戒《いまし》めるために語気を荒げていたはずだ。基本的には耳障りな話しかしないはずなのだ。なのに突然、期待の込められた励ましの言葉が鼓膜を揺らした。しかもあまりに唐突に。僕はすっかり混乱を来《きた》してしまった。

（いったいどういうこと？　練習をサボりまくっている高校生が将来日本代表になるなんてことがありえるわけがないやん。せやけどツルはどこからどうみても真剣やし、どないなってるんや）

やや俯き加減の姿勢を保ったまま、今の言葉はどういう意味なのだろうと考えてはみたが、適切な答えに行き着く回路をどうしても辿れない。たしかに運動は得意だ。球技にはけっこうな自信を持っている。ラグビーだってそこそこやれる（と思っている）。でも、あくまでも「そこそこ」である。大阪府の代表選手に選ばれればもらえる「OSAKA SELECT XV」と印字されたエナメル（ラグビー選手がよく持っているバッグ）が欲しい、とは密かに思い描いていたけれど、「日本代表」なんてことは頭にはない。そもそもなりたいと思ったことが一度もないわけで、いったいぜんたいなにを言っておるのだ、このおっさんは、と僕はフリーズした。あまりに混乱して頭の痛みも消失するほどに。

これを機に僕は俄然《がぜん》やる気を取り戻した。これまでとは別人のような真面目さで練習に取り組むようになった。誰よりも早くグラウンドに足を運び、ボール磨きやグラウンド整備も率先して行なった。ひとつ一つのプレーにこだわり、どうすれば日本代表選手に値するような質の高いパフォーマンスができるのかを考えた。そうして血が滲《にじ》むような努力の末にやっと代表選手になったのである。

……というのはもちろん嘘である。こんな絵に描いたような物語などあるわけがない。

人間というのはもっと複雑で、こと意欲の問題となれば一言で語ることなどできない。少なくとも、ひとひねりしなければ真面目ではない僕という人間は、そんなに単純にいくはずがないではないか。日本代表選手になった後になって振り返るから「もしかしてなれるのかも」と思えるのであって、どれほど熱をこめて語られたところで、どこにでもいるごく普通の高校生にはピンとくるはずもない。そもそも、ラグビーそのものへの意欲が枯渇しかけている僕にとっては、まさに寝耳《ねみみ》に水である。

したがって「怒られたし、まあちゃんとせなあかんかな」くらいには立ち直り、これまでと同じようなペースで呑気《のんき》に楕円球を追いかけるに至っただけであった。なんとも可愛げのない高校生である。

だが、この言葉の重みを実感するときがやがて訪れるのだから、人生、なにが起こるかわからない。

当時はさっぱり心に響かなかったこの言葉。実感も湧かずにさっさとやりすごしていたこの言葉をふと思い出したのは、それから数年後の日本代表候補選手に選ばれたときである。おそらく喉元《のどもと》に引っかかった魚の小骨のように、心のどこかに残っていたのだろう。日本代表なるものが現実味を帯びてきたときになって、「そういえばあのときこんなこと言われたなあ」と、ふと脳裏《のうり》に浮かんだのである。

いうなればあのときのツルは、僕自身が気づくはずもなくひっそりと眠っていた潜在能力を見抜いていた。「潜在能力」なのであるから、然《しか》るべき方法を用いて引き出さないかぎりは顕在化しない。そのままでは眠ったままになり、芽が出ることなくやがては失われていく。そのことを危惧したツルさんは、厳しくも熱のこもった言葉でそれを正してくれようとした。その言葉を聞いてもなお、「なれるわけないやん」と自らの可能性を閉じようとするひとりの若者に、ツルさんは失望することなく寄り添ってくれた。

そもそもラグビーから興味がなくなりつつある若者に、「日本代表になれるかもしれない」などという大それたことはそう簡単に言えるものではない。言ったところで、部をやめないようにつなぎ止めるための「人参《にんじん》」、すなわち本心からではない作為的な言葉であったなら、心に残るはずもない。

「指導されていない」と思わせる指導

中学・高校時代の恩師には、ツルさんの他にもうひとりマッシュ（西坂啓二先生）がいる。同志社香里ラグビー部の礎《いしずえ》を築いたのがマッシュ、のちに赴任してきたのがツルさんで、スポーツ推薦がない我が母校が大阪という激戦区でそれなりの結果を残し続けてこられたのは、お二人による指導の賜物《たまもの》である。

マッシュには、入部してまもない中学のころにラグビーの基礎を徹底的に教わった。正直なところ、マッシュからはこれといって具体的な指導はあまりなかったように記憶している。だが、これは僕の身勝手な解釈と言わざるをえない。傍らにいる指導者が選手になにも影響を及ぼさないということは現実的にはありえないからだ。もしも当時の様子をそのまま映像で見返すことができるとすれば、おそらく僕はたくさんの指導を受けているはずである。つまりこれは受け手としての選手が気づいていないだけであり、裏を返せば「なにも教わっていない」と思えるほどのびのびとラグビーに打ち込むことができたことの証左であろう。

おそらくマッシュは、遠くから見守るようにして僕を指導してくれていたにちがいない。もしかするとゴチャゴチャ言われたらへそを曲げるという僕の性格を見越していたのかもしれない。僕の中にある「なにも指導されていない」という自覚は、言い換えれば「まるで自分自身で身につけたかのように思わせる指導」が功を奏した結果である。こう考えれば、ただただ感謝の念しか湧いてこない。

ただひとつ、「パスしてフォローや」と口酸っぱく言われていたことだけははっきり憶えている。今、わかった。この教えを守らず、強引に突破しようとしてボールを持ち過ぎたことがあれだけの怪我に見舞われた原因だったのだ。やはりマッシュは僕を見てくれていた。指導してくれていた。

中学・高校の部活動の顧問から受けた影響は果てしなく大きい。専門技術の指導もさることながら、生活指導面では本人が自覚している以上に多大な影響を受けている。スポーツ指導者でもあり教育者でもある部活動の顧問から僕が学んだことは、だからたくさんある。暴力や恫喝《どうかつ》ではなく、期待と激励の言葉で叱られたことで、僕はたったの一度もラグビーを「嫌悪」することなく引退までやり切ることができた。引退してからもその研究に精を出したり、後進への指導に従事したり、なんだかんだとラグビーに携わり続けていられるのも、そのおかげだ。周りを見渡せば暴力や恫喝による指導のせいで、自分が行なってきたスポーツをやるのも見るのも嫌になった人が少なからずいる。そのことを思えば僕は幸せ者だ。

「自分で考えるからこそオモシロいんや」

こうして育まれた僕のラグビーに対する情熱は、ときに小さくなったこともあったにせよ、高校を卒業してからもけっして消えることはなかった。

僕が入部した同志社大学ラグビー部は自由な校風そのままに専任のコーチがいなかった。自営業など比較的スケジュールの調整がしやすいOBの中からコーチが選ばれ、基本的には週末だけ指導に訪れる。平日の練習は、週末にコーチと主将をはじめとする数人の幹部が打ち合わせた内容を学生たちだけで行なう。合宿や休み期間は別だが、大まかにはこういう流れで活動していた。

定年を迎えた「大OB」が時折グラウンドに来てくれたりもしたけれど、基本的には学生のみでの練習だった。先輩や後輩たちとサインプレーの工夫をするなど自分たちで積極的に考えながら取り組める環境がそこにはあって、それが僕には心地よかった。体育会特有の上下関係もあるにはあったが度を超すほどに厳しくもなく、他校に比べればほぼないに等しい程度だったのも幸いだった。

僕がいた四年間はずっと白川さん（白川佳朗氏）がヘッドコーチだった。陰ではヨシロウと呼び捨てていたこの人からは徹底的にパスの大切さを教わった。言葉足らずで、時折なにが言いたいのかよくわからないこともあったけれど、パスへのこだわりには尋常ならざるものがあり、その情熱だけはひしひしと伝わってきた。なぜあれだけパスにこだわる必要があったのか。学生当時はわからなかったけれど、今となればそのこだわりが意味するところはよくわかる。とても、よくわかる。ヨシロウは、学生には十分に理解しきれないのを承知の上で、根気よくその勘所《かんどころ》を教え続けてくれたのだと思う。この教えは間違いなく僕のラグビー観の一部、とくに根本に近いところを形成している。

そういえばヨシロウとは週末の打ち合わせのときによく議論を戦わせた。提示される練習メニューに納得がいかないときは遠慮なく楯突《たてつ》いたけれど、ヨシロウはそんな僕たちをはぐらかすことなく真正面から受けとめてくれた。卒業して数年後、一緒に酒を飲んだ席で「お前らの代はうるさかったわ」と、どこかうれしそうに話すヨシロウの顔が印象に残っている。

それから総監督という立場から指揮を執《と》っておられた岡ちん（岡仁詩《ひとし》先生）のことにも触れておきたい。

学生のときはなんてまどろっこしい指導をされる方だと思っていた。

当時のラグビー部は、ヘッドコーチが現場の指揮を執《と》る体制で、総監督はいわば指導の一線を退いた「ご意見番」のような役割だった。だから練習のほとんどをグラウンドの傍らから見守っておられるのだが、指摘すべき点をみつけたときは「ちょっとまってくれ！」と一言かけてグラウンドに侵入してくる。とくに試合形式の練習をしているときが多く、そこから長々とした指導が始まる。長いときは二十分ほども話し続けるから真冬の練習時にはカラダが冷えてたまらなくなる。

岡ちんの指導は、どうすればよいのかをはっきり告げないままに終わる。だからほとんどの学生は、寒空の中で話を長らく聞かされた挙げ句、狐《きつね》につままれたようにきょとんとするしかない。「もしもパスが通らなかった場合はどうなったのか」「もしもひとつ前のプレーでラックにならなかったらどうなったのか」「もしもキックしたらどうなっただろうか」……。「もしも」の連続で、結局のところなにが言いたいのかがよくわからない。

練習の流れが分断されるし、だから「ちょっとまってくれ！」の一言に戦々恐々としていたのが当時の本音である。

だがしかし。この指導の本当の意味がわかるときがやがて訪れる。

卒業してから数年が経ち、現役引退の報告にとご自宅に伺ったときだ。僕の来訪をよろこんでくれた岡ちんは、近くのファミレスでランチをしながら二時間、自宅に戻って二時間、ずっとラグビーについての話をしてくれた。当時のラグビー部の運営の仕方を随分心配しておられたのが記憶に残っている。また、日本ラグビーのあり方についても持論を展開しつつ、楽しそうに話されていた。考えてみればそれは当然で、岡ちんは同志社大学ラグビー部を創立され、また日本代表の監督まで務めた方である。より大きな視点からラグビーの行く末を案じてここまでやってこられたのだ。その情熱の深さたるや、ラグビーを始めて二十年にも満たない僕に測れるわけがない。

僕が現役のころに比べれば老いたもののまだまだエネルギッシュで、目の前にいる馴染みのあるその人物は、僕にとってはもう「岡ちん」ではなかった。話される言葉が身に沁《し》みていくほどに「岡先生」となった。

ランチをすませて自宅に戻ってきたころだっただろうか。岡先生は次のような話をしてくれた。

「平尾よ、ラグビーは自分で考えるからこそオモシロいんや。そのオモシロさを学生から奪ってはいかんのだよ」

雷撃に打たれたかのようにこの言葉が身体を襲った。

あのころのまどろっこしい指導、あれは僕たちからラグビーのオモシロさを奪わないようにと、あえて具体的な方法を指示しなかったのである。いくつかの選択肢を提示しておくからそこから先は自分で考えなさいという、長らくラグビー指導をするなかで築き上げた指導哲学だった。

僕は岡先生から、言葉では容易に言い表せない、とてつもなく大きなものを学んだと思っている。それはラグビーという狭い枠にとどまらないなにかであることは言うまでもない。

本章の最後に、僕は声を大にして言っておきたい。僕はこうした指導者の方々からの期待と励ましによって成長させてもらったことを。理不尽な指導がまったくなかったわけではないことは認めるが、鼻血が出るほど殴られたり、人格否定に繋《つな》がるような罵声《ばせい》を浴びたことはラグビー人生を通して皆無《かいむ》であった。競争をけしかけられたり、焦らされることもなく、根気よくじっくり時間をかけて僕はラグビーというスポーツを学ばせてもらった。だからこそラグビーというスポーツの深淵《しんえん》に触れることができたし、生涯にわたって関わり続けたいという底知れぬ意欲も芽生えた。

そしてさらにいえば、ここに挙げた指導者の方々だけに僕は教えを受けたわけではない。ここに書ききれなかったたくさんの指導者からも僕はたくさんのことを教わったと思っている。

今の僕はラグビーを通してしか物事を考えることができない。ラグビーが血肉化したこの境地には、これまでに出逢ったすべての指導者による導きがあったればこそ到達することができた。

ポジションが異なる一五人が複雑に絡み合うなかで最高のパフォーマンスを発揮するのがラグビーである以上、特定の指導者だけではなく、関わったすべての人たちとの関係の中ですべてのラガーマンは学び、成長するのである。

どんなことであっても「ラグビーに喩《たと》えれば……」と思考を始めることができる僕は、こうしてここにいる。この「自分で考えるオモシロさ」を手放すことなく、これからも研究に邁進《まいしん》していく所存である。そして数々の指導者から教わった技術や知恵を後進に伝えていきたいと思う。

Column

子供を見たら

幼い子供を見かけたらつい視線が釘《くぎ》づけになる。自らの好奇心にまっすぐなその仕草は、僕の興味をつかんで離さない。ついこの前も、幼稚園に通う子供がいる友達家族と川辺でBBQをしたのだが、そのときも肉や野菜を焼いて食べながらその子が走ったり跳んだりする姿に見入ってしまった。

見るからに活発なコハルちゃんは、人工的な石が敷き詰められている河原を全力疾走する。アスリートでも全力疾走は躊躇《ちゅうちょ》するのではないかと思われるほどの凸凹《でこぼこ》道を、である。膝の使い方が抜群に柔らかい上に、転けるかもしれないという恐れをこれっぽっちも抱いていないのがとても素敵だ。先入観を持たないまっすぐさがキラキラしている。

また、ふと目を離している隙に自分の背丈を遥かに越える石垣をものともせずに登っていく。危なっかしい様子にしびれを切らした僕は手を差し伸べようとした。すると、「ひとりでやるから！」と一蹴《いっしゅう》されてしまった。なんとも逞《たく》しいではないか。ぐんぐん登り詰めていく後ろ姿をみつめながら、果てはオリンピック選手にでもなるんじゃないかと心が躍った。

少し時を遡って、あれは確か数年前。以前、住んでいた家からの最寄り駅で見かけたのだが、歩きはじめて間もない子供とおじいちゃんらしき人物がともに階段を上っている。幼き男の子はゆっくりと片方ずつ脚を振り上げながら、一段一段上っていく。その子にとって階段の段差は腰にまで達するほどに高度がある。体幹を傾けて脚を振り上げなければ届かない高さである。時折ふらつきながらも一歩一歩確実に脚を振り上げて、上っていく。

その傍らにいるおじいちゃんは、子供の一挙手一投足に絶えず温かなまなざしを注いでいる。もしも転びそうになったときはいつでも助けられる身構えで、適度な距離を保って寄り添っている。やや斜め後ろからの立ち位置が的確で、たとえ男の子が脚を滑らせて転んだとしても後頭部から落ちるのは防げるはずだ。子供の動きひとつ一つに意識が同調するのがみてとれる。

よいしょ、よいしょ、よいしょ。

心配を含んだおじいちゃんの愛情に包まれながら、男の子はついにプラットホームに辿り着いた。自分の力で上り切った達成感に興奮したのか、すぐさまタタターッと駆け出していく。慌てておじいちゃんはその後を追いかけ、ひょいと男の子を抱き上げる。

今でもはっきり憶えている、休日の昼下がりに目の当たりにしたなんとも微笑ましい光景である。

僕たち大人にとってはただ道すがらに駆け

上がるだけの階段も、幼き子供にとっては挑戦するに値する大きな壁となる。子供にとって腰までの高さを擁する階段はさしあたりアスレチックフィールドになろう。それは発達途上の段階にあってまだまだ思うように動かすことのできない自らの身体を試す場であり、つまり「遊び」である。遊びに懸命になる子供のキラキラとした集中力と、危険だからと抱え上げたりせずに子供の様子を見守る愛情のコラボレーションが僕にはたまらなく素敵に見えた。

ふと思う。もしかすると僕にもこうして見守ってくれる大人がいたんじゃないかと。父や母や、あるいは祖父や祖母や叔母や叔父が、無茶をしようとする僕をほったらかしてくれたからこそ、十九年ものあいだラグビーに携わることができたのだろう。二人の微笑ましい光景を見てふと自分を振り返ったあの日、自ずと感謝の念が湧いて清々しい気持ちになった。

僕たち大人は、往々にしてあらゆる所作や動きや振る舞いが、いつのまにかそれなりにできるようになったと思いがちだ。だけど、よくよく考えてみたらそうじゃないことにはすぐに気がつく。「箸《はし》を持つ」というまるで当たり前にできる行為も、いつかのある時点で親をはじめとする周りの大人が躾《しつ》けてくれたからだし、「字を書く」のだってそうで、先生の教えのもとに学校で何度も何度も繰り返し練習したからこそ身についている。

「ものを投げる」「服を着る」「自転車に乗る」など挙げていけばキリがないけれど、あらゆる所作や動きは過去のいつかの時点で身についたもの。先の男の子のように「歩く」や「階段を上る」という基本的な動作でさえそうなわけで、そう考えると、たぶんほとんどすべての運動能力は子供のころの環境が大きく影響すると言ってもいいんじゃないだろうか。傍にいて見守る大人が危険すれすれのところまで遊ばせてくれるかどうか。それがすべてだと言い切ってもよいと思う。

あえて言うまでもないことだが、「危険すれすれのところ」が一番オモシロい。なぜオモシロいのかと言えば、身体能力をフルに発揮しないことには乗り越えられない、あるいは身体が有する以上の能力を発揮しないことには乗り越えられないからである。こうした経験を通じて初めて「できないことができるようになる」。身体のOSがバージョンアップする。つまりこの「オモシロさ」は、身体に潜在する能力が開花した瞬間にもたらされる愉悦《ゆえつ》への予感なのだ。

童心に帰るというのは、何ごとにも臆することなく挑戦することだ。

大人になるというのは、挑戦する子供を見守ることにほかならない。

そうして「身体」は受け継がれ、磨かれていくのだと思う。

第三章

痛みからの学び：私の身体論

勝負は「気持ちの問題」？

指導者目線で観戦すると

つい先日、ある大学ラグビー部の練習試合を観る機会に恵まれた。その大学にはスポーツコーチとしてこれまで何度か訪れたことがあったので、「試合も観にきてもらえませんか？」と声をかけてもらったのである。指導者冥利《みょうり》に尽きるというものである。

ただ、指導したとはいっても「一年に一度」を「この四年」なので、学生たちとはそれほど親密なコミュニケーションがとれているとは言い難い。ひとり一人のプレースタイルも十分に把握できておらず、名前と顔すら一致していない。というか、名前すら朧《おぼろ》げである。

にもかかわらず、グラウンドに足を運ぶとにこやかな笑顔とともにほとんどの学生たちが元気な挨拶で出迎えてくれる。こうした歓迎ぶりに、「よしよし、どんどん教えてやるぞ」とすっかり上機嫌になったのはいうまでもなく、「オレの知ってること、ぜんぶ教えてやるぜ！」なんて意欲が湧いてくるのだから僕は本当にお調子者である。

顧問の先生にご無沙汰の挨拶をすませると、しばらくしてキックオフの笛が鳴らされた。

このチームは大学からラグビーを始める選手がほとんどで、だから一回生はほぼ全員が初心者である。まだルールを憶えきれていない一回生も試合に出場していて、その彼らに上級生があれこれ指示を出している光景も見られる。ほのぼのとした上下関係を微笑ましく感じながら、試合の行方に視線を送る。

指導者目線で観戦していると、次々と指摘すべき点が浮かんでくるから不思議である。いや、経験者だから修正すべき点が浮かぶのは当然なのだが、「次々と」ってところが不思議なのだ。部屋でひとり腕組みしながら過去を振り返ったところで浮かぶことは限られるのに、試合を観ていると「次々と」湧き出てくる。しかも誰かに教えよう、伝えようと前のめりになったときにこそよく浮かぶのが、本当に不思議でならない。もしかすると身体知なるものは、誰かに教えよう、伝えようとしたときほど言語化されるものなのだろうか。

そういえば現役時代、試合直後の囲み取材でも同じような経験をした。記者に訊ねられ、その問いかけに応じようとしたときに初めてプレーが言語化される。目の前にいる記者に伝えようとして場面が、情況が、言葉になる。これら感覚としての経験、すなわち「身体知」は、伝えるべき宛先ができて初めて言葉になるのではないだろうか。

勝負の鉄則

閑話休題。

試合を観ながら、これは指摘しておかなくてはなるまいというポイントをメモ帳に書き込む。それらを元に、試合が終わって彼らに指導したわけだが、その中に、おそらくどのスポーツにも当てはまるだろう、いや、もしかするとスポーツ以外の領域でも当てはまるかもしれないぞと思えることがひとつあった。

それは「勝負の鉄則」である。

試合を観はじめてすぐに気がついたのは、まだ序盤戦にもかかわらず、いくつものパスを重ねたサインプレーばかりを選択する戦い方だった。まともにぶつかるのを避けるようにパスをつなごうとする彼らを見て、「これは苦戦するかもしれないぞ」と感じた。事実、そのような試合展開になったのだが、なぜそれが試合の序盤にわかったのか。

言ってみればラグビーというのは陣取りゲームである。一五人と一五人が対峙し、攻撃側は立ちはだかる相手ディフェンスにぶち当たって突破したり、あるいは右に左にステップを踏んでタックルをかいくぐりながら相手陣の奥深くまでボールを運ぶ。そうすれば得点が入る。もちろんパスを活用してもよい。ぶつかり、躱《かわ》し、パスをつないで前進を図る。

防御側はそれをさせまいとしてタックルで倒す。地面に倒された選手はボールを放さなければならないため、地面にボールを置く。つまり「イーブンボール」になる。首尾よくそれを奪うことができれば攻撃権を奪取できる。

ごくごく大まかにいえば、これがラグビーである。

どれだけ荒々しくともラグビーはあくまでも球技である。流れるようにパスがつながる様は見る者の心を鷲掴みにする。格闘技的な要素が強いといえども根本は球技であると僕は考えている。

ところが、ラグビーにおけるパスというのは不自由きわまりない。なんと前方にパスをすることが禁止されている。真横か後ろにいる味方選手にしかパスができない。もしパスをすれば「スローフォワード」という反則を取られて即座に相手ボールとなる。「前進を図らなければならないのに後ろにしかパスを出せない」という矛盾こそが、ラグビーの、ラグビーたる所以《ゆえん》なのである。

しかも、ボールを前に落としてもいけない。落とせば「ノックオン」という反則になって、こちらも即座に相手ボールとなる。楕円球だけにボールの回転が悪ければキャッチしづらくなるし、バウンドさせればどこにはねるかわからずキャッチがままならない。パスは相手の胸元に柔らかく。そうでなければスムースにパスはつながらない。すなわち、ラグビーにおけるパスには大きなリスクを伴う。一時的に陣地が後退するうえに、落球すれば相手ボールになり攻撃権を失う。だから中途半端にパスをするくらいなら、ボールを保持したまま相手にぶち当たって前進を図るほうが効率的なのだ。それゆえに、試合の序盤はなるべくパスの数が少なくてすむサインプレーを選択することがセオリーとなる。

そしてここからがラグビーというスポーツならではの特性が絡んでくる。

ラグビーの特徴は何といってもコンタクトが全面的に認められていること。生身の選手同士がぶつかり合うところに醍醐味《だいごみ》がある。

どんなスポーツもそうだろうけれど、試合が始まってまもなくはやる気満々で、気合いが乗っているものだ。「待ちに待った試合だ、暴れ回ってやるぞ」と、ほとんどの選手は血気《けっき》盛んで、味方も相手も気合いが漲《みなぎ》っている。おまけにスタミナも満タンだ。

いざ攻撃しようとする場面では、「すんごいタックルをお見舞いしてやる！」と相手ディフェンスは意気込んでいる。そんな熱《いき》り立ったディフェンス陣を前にしたときのプレッシャーたるや相当なものである。タックルをまともに受ければとにもかくにも痛いし、当たりどころが悪ければ怪我をすることだってありうるのだから、その恐怖心たるや半端《はんぱ》なものではない。ラグビーをしたことがない人は、「ボールをキャッチしようとする瞬間に目が血走った人間が血相変えて頭から飛びこんでくる情景」を想像してみてほしい。しかも、その人間が自分の体重より一〇キロも二〇キロも重いとなれば恐怖を感じずにはいられないことがわかるはずだ。

そんなプレッシャーを受けつつもパスをつなぐのは至難の業なのである。知らず知らずのうちに及び腰になるのは言わずもがなで、タイミングは外れるし、思わずぽろりと落としてしまうことも起こりうる。そうなれば相手はますます勢いづく。どちらに跳ねるかわからない楕円球にもかかわらず、相手に有利な転がり方ばかりするようになり（つまり流れが悪くなって）、たとえ勝てる試合であっても落としてしまうことになりかねない。

まずは意地の張り合いを

ではどうすればよいのだろうか。パスがダメならどんなプレーを選択すればよいのか。お答えしよう。とにかく試合の序盤は、相手のプレッシャーに対して真っ向から挑みかからなければならないのである。すなわち「喧嘩をしかけにいく」のである。ラグビーが格闘技と言われる所以はまさにここだ。小手先《こてさき》のプレーでうまくやろうとしても絶対に勝てない。そう、ここはまさに「根性」でガツンといかなアカンところである。力には力で対抗するしかないのだ。試合が始まってまもなくはパスの数を少なくして、とにかく最短距離でぶちかましにいく。これをしばらく繰り返す。この意地の張り合いをするかしないかでその後の試合展開が大きく左右される。

この意地の張り合いを優位に進めることができれば、そのうち相手は怯《ひる》みはじめる。

気持ちのうえでの怯みが相手ディフェンダーの出足を遅らせ、相手からのプレッシャーが軽減する。そうなればしめたもの。そこでとっておきのサインプレーを披露《ひろう》すればよい。

この段階に至って、初めてラグビーの球技的側面が顔を覗《のぞ》かせるのだ。

ちなみに試合の行方はどうなったかというと、残念ながら負けてしまった。相手の気迫に押されての敗北となった。試合が終わって顧問の先生と話をしたら、負けるときは往々にしてこういう試合展開になるのだという。戦術を考えることには長《た》けているのだが、いざ試合でそれが発揮できない。「気持ちの問題なんです」、と。

勝負の綾《あや》とも言うべきこの問題を「気持ちの問題」として片づけてしまうのを僕はよしとしないが、あの試合を評するときに「気持ちの問題」を持ち出す心情についてはよく理解できる。つまり「頭でっかち」になってはだめだということである。プレーをするのは意志や感情をもった人間なのだから、そこをすっ飛ばせば、たとえ日本代表もビックリなサインプレーであったとしても通用しない。科学的であろうとなかろうと、合理的であろうとなかろうと、まずは意地を張ることが大切だ。

全面的にコンタクトプレーが許されているラグビーにおいて、もっとも大切なものは何かと訊かれれば僕は「闘争心」だと答える。試合前にそれなりの緊張状態におかれなければ自分より大きな相手にタックルなどできない。「闘争心」を心に秘めておかねばどんな細やかなプレーも成り立たない。そこに物足りなさを感じるがゆえについ口をつくのが「気持ちの問題」という言い回しなのだ。

「まずは意地の張り合いをしようや～、そこからすべてが始まるんやで～」と、あれだけ敬遠してきた根性論を力強く語る自分に驚くも、やはりここだけは譲れない。

これが「勝負の鉄則」である。うむ。

痛みを我慢せずに「痛い」スポーツをする

アドレナリン、恐るべし

僕の右腕には手術痕《こん》が刻まれている。二〇センチほどのそれはかなり目立つ。半袖シャツのときには会話をしている相手の視線がちらりとそちらに向くこともあるほどだ。講義の後などには無邪気な学生たちが「どうしたんですか？」と驚きの表情で訊ねてくることだってある。一枚のプレートと六本のボルトで支える撓骨《とうこつ》は寒さや湿気でときに疼《うず》き、腕立て伏せをするときには痺《しび》れもする。「名誉の負傷」ということで自らを慰めてはいるものの、温めたりあまり力を込めないようにしたりと手間のかかる我が右腕が、煩《わずら》わしくも愛おしい。

この手術痕を見るたびに思い出すことが二つある。

ひとつ目は受傷時のこと。今でも目をつぶればあのときの光景がよみがえってくる。あれは秩父宮ラグビー場で行なわれた東芝府中との試合だった。ボールを保持しながら相手選手とぶつかった瞬間、まるで雷撃に打たれたような衝撃を感じた（もちろん雷に打たれた経験などないが）。とにかく「ガツン」ときた。だが、なにかしらの異変が身体に起きたのはわかったものの、それが骨折だとは夢にも思わなかった。

「雷撃」に次いでこの身を襲ったのは、周囲の空気が粘性を増して身体にまとわりつくような感覚だ。世界がまるでスローモーションで動きはじめたような感じになり、わけがわからず逡巡したけれど、そのままプレーを続けるしか選択肢はなかった。

タックルされ、やがて地面に倒れた僕は、保持していたボールを置くために手を伸ばす。もちろん利き手の右腕で。だが、いつものようにうまく置くことができない。というか力が入らない。いや、入っているかどうかすら判然としない。なにかがいつもとは違う。僕自身がそうなのか、周りの世界がそうなのかもはっきりしない奇妙な感じで、相変わらず時間はゆったり流れている。

それでもどうにかこうにかボールを置き、一連のプレーを終えた。

この間、ほんの十数秒。

ボールがだんだん遠ざかり、周囲から選手がいなくなったのを見計らって、すっと立ち上がった。なにげなくふと右腕に視線をやると、なんと、捻《ねじ》れている。「もしかすると異変の原因はこれか」と、慌てて近くにいたトレーナーを呼ぶと、トレーナーは間髪《かんはつ》入れずに「こりゃアカン！」と呟《つぶや》き、観客席にいる監督に向かって両手で×のサインをつくった。そこでようやく察知した。右腕の骨が折れているということを。

もちろん直《ただ》ちに退場である。僕の右腕をまるで赤ん坊を抱くようにそっと支えるトレーナーに連れられて、グラウンドを後にしたのだった。

勘のよい方はもうおわかりだろう。そうなのだ。受傷してすぐはまったく痛みがなかったのである。

痛みが出たのはそれから三〇分ほど経過したあと。後輩に付き添われて病院に向かうタクシーの中で、脂汗《あぶらあせ》が出るほどの激痛が襲った。ブレーキを踏んだときのわずかな車体の揺れにも痛みが走るほどで、病院に到着後、診察を待つあいだは右腕付近に人の気配を感じるだけで痛んだ。

受付を済ませてからほどなくして名前が呼ばれ、まずは写真を撮りましょうとレントゲン室に促される。そろりそろりと歩き、放射線技師の指示に従って台の上に右腕を置く。照射角度を合わすために技師の方がわずかに右腕を動かしたその瞬間、あまりの痛みに叫び声が出た。たまらん、痛かった。

これほどの激痛が伴う怪我なのに、なぜ受傷してすぐは痛まなかったのか。とても不思議である。生理学的な説明としては「アドレナリンの大量放出」となるのだろう。あの試合は、もし勝てばシーズン優勝をほぼ手中に収めることができるほど重要だっただけに、いつも以上に気持ちが昂《たかぶ》っていたのは確かだ。「この試合で決めてやる!」という意気込みで臨んでいたので、いつもより何割増しかのアドレナリンが放出されていたことは容易に想像がつく。

また、コンタクトスポーツであるラグビーは、他のスポーツに比して「闘争心」が求められる。アメリカンフットボールもおそらく似たようなものだろうが、コンタクトスポーツゆえに求められる気持ちの昂りは相当なものである。この「闘争心」がなければパスやタックルなどの技術はほぼ通用しない。代表歴もある少し年の離れたある先輩は、試合前に自分のロッカーに頭突きを繰り返し、顔面流血状態で試合に出たこともあるらしい。ひとつの「武勇伝」として僕たち後輩へと語り継がれている話である。

これは極端な例だとしても、先に書いた通り、ラグビー選手に求められる最たる資質は「闘争心」なのである。これをある程度かき立てなければ、トップスピードで走る選手の足下に飛び込むことも、自分よりも大きな選手にぶつかっていくこともできない（ここだけの話、「闘争心」をうまくかき立てられず、試合後に落ち込んだことは幾度となくある。大失敗談については第五章に述べる）。

競技が求める「闘争心」に加えて、優勝が目の前にちらついての昂り。これらの相乗効果により、骨折が痛まないほどのアドレナリンが大量に放出されたのは想像に難《かた》くない。「こんなところから血が……」「ここにも痣《あざ》ができている」など、試合のあとになって擦り傷や打撲に気がつくのはよくある話だが、まさか骨折が痛まないなんて思いもよらなかった。アドレナリン、恐るべしである。

「痛み」は身を守るためにある

幸か不幸かこんな経験をしてしまったものだから、僕は大幅なマインドチェンジを余儀なくされた。痛みに対する考え方が変わってしまったのである。今までの僕は「痛みは身体の損傷や不調に伴って生じる」と考えていた。皮膚が破れたから、靭帯《じんたい》が切れたから、骨が折れたから痛むのだと。でもそうじゃなかった。アドレナリンが大量に放出されればたとえ骨が折れても痛みが出ないのだ。つまりこれは、痛みは身体ではなく脳が制御しているということに他ならない。フィジカルな損傷程度と痛みは必ずしも比例しないのだ。

たしかに僕は「闘争心」を必要とするラグビー経験者であり、そうでない人たちよりも多くのアドレナリンを放出できる体質なのだろう。だから骨折という大怪我であってもすぐに痛みを感じなかった。だとすればもしかすると特定のラグビー選手だけに起こりうる現象なのかもしれない。

だが、それを差し引いたとしても、痛みは制御できると考えられる。

たとえば、転《こ》けて膝小僧《ひざこぞう》を擦りむいた幼い子どもは、転倒直後ではなく傷口から流れる血を見た途端に泣き出すことがある。これなどまさに脳が痛みを制御している証であろう。また、スポーツを嗜《たしな》んだことのある人なら、試合後になって打撲や擦り傷に気がついた経験のひとつやふたつはあるだろう。

決死の覚悟とまでいかずとも極度の集中は、痛みを鈍麻《どんま》するものなのだ。

脳が痛みを制御する。

よくよく考えてみれば、これはとても怖いことである。

そもそも「痛苦」は身を守るためには絶対に不可欠である。痛みや苦しみを感知できない人間はまず長生きできない。たとえば殴られて内臓が破裂したとしても痛みがなければそれに気づくことができない。痛みを感じるから病院に足が向き、治療を受けることができる。あるいは、なにかのはずみで動脈が切れても痛みを感じなければそれに気がつかないままだ。やがて出血多量で絶命するに至る。大袈裟すぎるかもしれないが、まあそういうことである。

身体の不調や不具合を示すアラームとしての「痛苦」は、脳によって制御される。固定観念、思い込み、目的意識などで身体的苦痛は抑制できる。だとすれば我慢し続ける、あるいは外圧的に我慢せざるをえない情況に置かれ続けると、アラームは鳴動しなくなる恐れがあるのではなかろうか。「痛みがなくなる」までには至らなくとも「痛みに鈍感になる」ことはありえるのではないか。あくまでも実感にすぎないが、そんなふうに思うのである。

「おいおい、そんなこと言うたらラグビーなんかできひんやんけ！」という声が聞こえてきそうである。痛みを我慢してはいけないとなれば、痛みが伴うスポーツであるラグビーはできなくなるではないか、と。

これに対する僕の答えはこうだ。

痛みの質を見極めようと努力すればいいのだ、と。

ただちに休まなければならない痛み、軽く動かしながら治癒できる痛み、試合は無理だが練習ならできる痛みなど、微細な違いを感知すべく意識を向ける。我慢するのではなく、積極的に認めつつ見極める。これは身体との対話であり、自らの身体の癖を知るためのひとつの方法だ。だから指導者が無理矢理プレーさせるのはまったくのナンセンスだし、痛み止めの注射を打ってプレーするなんてもってのほか。食うや食わざるやのプロスポーツ選手が寿命を縮める覚悟で行なう場合は別にしても、痛み止めの注射は百害あって一利なしである。

「我慢は禁物。痛みとはうまくつき合うもんや」

この傷は、なに食わぬ顔をしながら今もこう語りかけてくる。

One for all, all for one

ベンチウォーマーの葛藤

手術痕を見るたびによみがえる二つ目の記憶へと話を進めよう。ひとつ目がフィジカルな痛みだったとすれば、こちらは心の痛みになろうか。

ご存じのようにスポーツにはチームプレーが必要である。ラグビーには「One for all, all for one（ひとりはみんなのために、みんなはひとりのために）」という有名な言葉があるが、これこそチームプレーのなんたるかを見事に表現していると僕には思われる。「個か、集団か」という問題は、その問いかけ方がすでに間違っていて、正しくは「個も、集団も」である。この矛盾を抱えながらどのように振る舞えばよいか。つまり、チームという共同体の中でいかにして個の力を発揮すればよいのか。これこそがチームプレーというものであり、先の言葉はこの難解さを含みつつもその内実をわかりやすく表している（「個も、集団も」については終章に詳しく書いている）。

だがしかし、現実的にはこう単純にはいかない。いざチームプレーを発揮するとなれば相当な困難さを要する。実践する段になればその難解さが露《あらわ》になる経験は、スポーツ経験者ならずとも多くの人にあるだろうと思う。

僕が初めてその難解さを痛感したのは、右腕骨折により戦線離脱を余儀なくされたときであった。

右腕を骨折して途中退場をしたあの試合。勝てばほぼ優勝を手中に収めることができた大事な試合だったのだが、残念ながら敗北を喫した。だがこれで終わりかというとそうではなく、リーグ戦だったためにまだ可能性は残されていた。優勝争いに一歩後退はしたものの、残された二試合をともに勝ち、他チームの結果次第という条件をクリアすれば優勝できる。受傷した翌日に手術をし、全治半年の僕は、もちろんそれらの試合に出場することは叶わなかったが、チームの一員として当然のように優勝を望んでいた。

一週間後のリコーとの試合には危なげなく勝利を収めた。

まず第一関門は突破だ。

これであとひとつ。最終戦のＮＥＣ戦に勝てばうまくいくと優勝できる。それに最終戦の試合会場は神戸ウイングスタジアムだ（現在はノエビアスタジアム神戸）。地元ファンの後押しが期待できるし、たくさんのファンの前で優勝すれば盛り上がることこのうえなし。否が応にも気持ちは昂る。

そしていよいよ試合当日を迎える。

ギプスで固められた右腕の上からブレザーを羽織った僕は、試合出場メンバー以外のチームメイトとともにスタジアムのある御崎《みさき》公園へと向かった。

優勝が決まるかもしれない試合だけにスタジアムにはいつも以上にたくさんの観客が詰めかけ、独特の雰囲気が漂っていた。ひとり一人の期待が混ざり合い、それらがうねりとなって、スタジアム全体を包み込んでいるようだった。

観客席に腰を下ろし、試合開始を今か今かと待ちわびていると、ウォーミングアップをするために選手たちがロッカールームから足早に出てきた。それを目にした観客は抑えきれない期待を口にする。

「がんばれよ〜！」

「今日は頼むど〜！」

これから始まる闘いを前に熱狂の種がそこら中にばら蒔《ま》かれる。

だが僕の心はこの時点ですでにざわめきはじめていた。

しばらくしてキックオフの笛が鳴らされる。

それとともに僕の胸も期待で高鳴る……はずだった。

しかし、どうにも心がざわめいて仕方がない。ざわめきは試合が進むにつれ大きくなる。「ある声」が繰り返し聞こえてきて、それが気になって試合に集中できない。というよりも応援する意欲が湧いてこない。心ここに在らずという感じが拭えず、大観衆の中にいながら僕は孤独だった。

片づかない気持ちのままに試合を観ていると、最初はモゴモゴとしか聞こえていなかった「ある声」の滑舌《かつぜつ》がよくなってくる。

なんと心の中には「負けてしまえばいいのに」という声がリフレインしているではないか。僕の中にいる何者かが激しく急き立てて、自チームの敗北を望んでいる。これは混乱せずにはいられない。

と同時に、「そんなことを思うなんてどうかしているぞ！」となだめようとするもうひとりの自分も、そこにはいる。だが、正義感に燃えるそいつはずっと動揺しっぱなしで、なんとも頼りない。「自分が所属するチームの敗北を願うなんて言語道断《ごんごどうだん》、お前は何を考えているんや」と震える声で叱咤《しった》するも、心の奥底から聞こえてくるその声の主は聞き耳を持たない。「負けてしまえ！」とさらに語気を荒げて囃《はや》し立てる。

アンビバレントな心境というのは、まさにこのときのような心模様を指すのだと思う。

この葛藤は試合が終わるまでずっと続いた。

この動揺を周囲に悟られないように応援するフリをしているうちに、ノーサイドの笛が鳴らされた。試合はどうなったかというと、気迫のこもった内容で勝利を収めた。さらに優勝争いをしていた他チームが敗れたために我がチームの優勝が決まった。ノーリイド直後のスタジアムは大歓声に包まれ、興奮の渦中《かちゅう》にあった。

念願の優勝である。個人的には開幕から身体のキレもよく、トライを量産していた僕にとって、うれしくないわけがない。ウイニングランをする選手たちに拍手を送りながら、苦しかった練習を思い出し、これまでのシーズンを振り返って、優勝のよろこびをかみしめようと努めた。

だけど、これっぽっちもよろこべない。それどころか笑顔を浮かべることすらままならず、作り笑いでよろこんでいるフリしかできない。なんて薄情な男だろうと激しく自分を責め、「よろこばなアカンやろ」と自らに鞭《むち》を入れても頑《かたく》なに拒まれる。それほどまでに「負けてしまえ！」の声の主はその存在感を増していた。そいつはそのうち「あそこで一四番をつけているのは僕だったはずだ！」と言いはじめた。

嫉妬の対象がより具体化しつつある。

あのときの如何ともしがたい心境は、妬む自分と、それを客観的に眺める自分との葛藤だった。骨折するまでは体調もよく、チームへの貢献度も高かったという自負があった。だからこそ優勝を決める瞬間のグラウンドに立ちたかったし、その自負から「祝福を受けるべきなのはこの僕のはずだ」というエゴが生まれた。骨折してからずっと心の奥に押し込めてきた悔しさが、優勝を決める試合を目の当たりにして噴出した。

さらに困惑したのは、嫉妬心に苛《さいな》まれる自分を、少し離れたところから眺めているもうひとりの自分がいたことだ。理性ともいうべきこいつは、攻撃的になる自分をなだめようと懸命だった。だが、一向になだめられない。なだめることができないという不能の自覚で、さらに苦しくなる。

「祝福」が嫉妬の苦しみを取り除く

あのときの僕の理性は感情の暴走を止めることができなかった。たまらなかった。

だが、今にも爆発しそうだったこのやるせなさは、意外にもあっさりと消失する。ウイニングランを終えた選手たちは、やがてメインスタンド前に集まった。記念撮影の準備をしながら握手やハグでよろこびを分かち合う選手たち。彼らを複雑な表情で眺めていた僕の目に止まったのはキャプテンの姿だった。すぐには気がつかなかったが、僕のほうを見ながら手招きしている。お前もこっちに下りてこいよと言わんばかりに。

あまりに唐突だったので僕は戸惑った。立ち尽くす僕を促すかのようにさらにキャプテンは目配せをする。そこでようやく情況を把握した僕は、よろこび勇んでグラウンドに向かった。キャプテンと握手を交わす。

そのときに言われたひとことが、

「お前も写真に入れよ」。

もう「あの声」は聞こえなくなっていた。

あのときの僕は嫉妬に駆られたどうしようもないヤツだった。チームに貢献するどころかチームメイトに嫉妬のまなざしを向けているのだから、本当にどうしようもない。でも、為《な》す術がなかった。嫉妬心を自覚しながらそれを制止することができない。攻撃的な気分が後から後から湧いてくる。そんな自分がどんどん嫌なヤツに思えてきて二重に傷つく。まさしく負のスパイラルに陥っていた。

そのネガティブな状態から脱することができたのはキャプテンのあのひとことだった。他者から承認されることで負のスパイラルから脱し、思い出すのも苦々しいあの孤独感から抜け出すことができたのだ。

「みんなの中のひとり」であること。たぶんこれこそがチームプレーの根底にある。「自分がこのチームの一員である」という自覚はもちろん大切だが、この名乗りだけではおそらく不十分だ。この自覚は、「あなたはチームの一員である」という他者からの承認が前提にあるから意味を為す。他者からの承認、すなわち祝福を受けることからしか真のチームプレーは育まれない。

痛みをともなう怪我は選手を孤立へと追い込んでいく。

カラダだけでなくココロにも深い爪痕《つめあと》を残す。

それを癒すのは仲間しかいない。
One for all, all for one
ひとりはみんなのために、みんなはひとりのために。
この傷が疼くたびにこの言葉がふと脳裏を過《よぎ》る。

なぜ左ばかり怪我をするのか

「限界に挑戦」から「力まない」へ

痛い話ばかりで申し訳ないが、ここは「痛み」についてあえて語る章なので、今しばらくおつき合い願いたい。

今、左足の親指が尋常じゃないほど腫《は》れている（二〇一四年三月のとある日）。爪の付け根あたりが紫色に内出血しており、裏側がぷっくり膨らんでいるため足を着くたびに激痛が走る。昨日、ジャンプトレーニングをしている最中にずっこけてしまったのである。元アスリートなのになんとも情けないかぎりである。

現役引退後も身体を動かす衝動が抑えられない僕は、たまに走ったり、大学内のトレーニング施設で汗を流している。昨日はウォーミングアップがてらにラグビーボールを蹴った後に、シャトルランを行なった。五〇メートルほどを八割ほどのスピードで疾走し、ゴール後はくるりと向きを変えてジョグでスタート地点まで戻る。これを一〇本走って一セット。体調もよく、気分が乗るときは二セット、三セットと行なうのだが、この日は息も絶え絶えで一セットのみにとどめた。

一般的にいって、シャトルランをする目的は心肺機能を高めることにある。また副次的には筋力をつけることもそれに含まれる。現役時代はあくまでもトレーニングとして、コーチやトレーナーからは檄《げき》が飛ぶなかで極力スピードを落とさないように自らを追い込んだ。競技能力を高める上で必要なスタミナを培《つちか》うためにそれは必然であった。

だが、今となればそこまで限界に挑戦する必要はないし、できることならあのしんどさはもう味わいたくない。

今の僕が心がけているのは「力まない」である。つまり「限界を超えようとしないこと」が第一の目的で、現役時と比べれば正反対のゴールである。息が切れる一歩手前、脚がプルプル震えるか震えないかの時点で、遠慮なくスピードを落とす。駆けているときのあの壮快感を手放さないように、「この感じならどれだけ走ってもばてずに気持ちよく走れそうだ」という体感を手がかりに、やや余裕をもって走る。

求めるのはしんどさよりも快適さだ。

こんなふうにマインドセットを変えるだけでシャトルランがこんなにも楽しくなるなんて、あのころには想像すらできなかった。

そして、シャトルランで汗を流した後に行なったのが、ジャンプトレーニングである。グラウンドに隣接する体育館の入口付近には、二カ所に分かれて植え込みがある。ひとつは腰ほど、もうひとつは鳩尾《みぞおち》くらいの高さのそれは、僕の身長からすればちょうどよい。この植え込みに向かって、静止した状態からぴょんと跳び乗る。ごくごくシンプルなトレーニングだが、ちょっとした工夫をすれば楽しさが感じられる練習方法のひとつになる。

それは先ほどのシャトルランと同じで、少し意識を変えるだけでよい。「予備動作をなくす」ように心がけるのである。「いち、にの、さん!」というタメをなくし、手を振っての反動もつけず、また地面も蹴らずに、瞬発的な力をいかに瞬時に発揮できるか。余分な動作を切り捨て、音も立てずにスッと跳び乗ること。まるで忍者のようなジャンプが理想で、最大筋力を発揮すべく力まかせに行なうのではなく、ここでもまた「力まない」を心がけるのである。

動物の動きに学んでみたら

最初のうちは難易度が低いほうの植え込みである「腰」で行なっていた。しかし、これまでの癖でどうしても反動をつけてしまう。無意識的に両腕を振り上げようとしたり、両脚の筋力に頼ろうとする。その衝動と格闘しながら試行錯誤を続けるうちに、なんとなくではあるがコツが掴めてきた。

そのコツとは「膝を抜く」ということである。

その昔、イタズラのひとつとして流行《はや》った「膝かっくん」を憶えているだろうか。脚に体重を預けることで膝が突っ張っている人の背後に静かに忍び寄り、自らの膝で相手の膝を緩めてバランスを崩す、あのイタズラである。

「膝を抜く」という体感は、あれに似ている。不意に力が抜けたときの膝がふわっとしたあの状態を、外力に頼らず自前でつくり出そうとするのが「膝を抜く」なのである。

「膝を抜く」ことで生み出されるのは「不安定さ」だ。

石ころや階段で躓《つまず》けば僕たちは転びかけるけれど、そのとき僕たちの身体は「転んでなるものか」と必死になる。そのときの転ぶまいとする力は想像以上に出力が高い。身体の各部位が総動員して不安定さを解消すべく試みる。その「転びかけた状態」を意図的につくり出し、「転ぶまいとする力」を引き出す。そうして引き出した力を足の裏で受けとめることができれば跳躍力に変換できる。

そうして跳べたときの感じはなんとも不思議で、ほとんど力感がない。アクション映画にありがちな、ワイヤーで釣られたかのようにふわっと浮く。

このふわっと感を「腰」ではかなりの頻度で味わえるようになった。少なくともうまく跳べたときとそうでないときの区別がつくようにはなった。となれば、難易度を上げたくなるのが人の性《さが》であろう。いよいよ「鳩尾」に挑戦するべきときが到来したというわけだ。

ただし、ことはそう単純ではない。「鳩尾」はこれまで跳び続けてきた「腰」に比べて厄介な条件が付与されている。植え込み自体の造りは同じなのだが、なんとその手前には溝がある。幅にして三〇センチほどの側溝があり、その溝を挟んだ向こう側に「鳩尾」はある。つまり、溝の手前から跳ぶ必要があり、高さに加えて距離も考慮に入れねばならない。憶測を誤れば植え込みに届かず溝にハマるかもしれないし、着地に失敗すれば捻挫《ねんざ》どころかそれ以上のひどい怪我をする可能性だってある。

跳ぼうか、跳ぶまいか。

溝があることで生まれる恐怖と、それに打ち克つために必要な緊張感は、心の鍛錬《たんれん》にもなるだろう。失敗ができないという重圧と向き合うのもまた、身体の錬磨には必要だ。その意味では心身ともに磨きをかけるには最適な場所ではないか。とかなんとか適当な理由をつけて、ポジティブ思考に努めたものの、やはり怪我はしたくない。

(さあ、どうしようか？)

「鳩尾」の前に立ち、暫しのあいだ自問自答を繰り返した。

だが、それほど悩むこともなく僕は、

(……まあ、いっちょ跳んでみるか)

と、決心する。

しまった。すっかり忘れていた。僕はこの手の緊張感が好きだった。

思い切るまでには多少の時間を要したものの、やはり跳んでみることにした。案ずるよりも生むが易し、というのはちょっと違うか。

とにかく跳んでみるとしよう。

(えい！)

意外にも楽勝だった。

もしかすると溝の存在が危機感に火をつけ、平時には眠ったままでいる能力が発揮されたのかもしれない。その可能性は十分に考えられる。四肢《しし》の先にまで意識が行き渡るようななんともいえない緊張感が、そこにはあったからだ。こんなわずかな緊張感でもアドレナリンは放出されるのだろう。それを心地よく感じる僕はやはり根っからのラガーマンだ。

オレの身体はまだまだ動くぜ。跳ぶ前に感じていた恐怖はどこへやら、まるでお調子者である。

それから気をよくした僕は続けてジャンプを繰り返す。自らの跳躍力に惚れ惚れしながら。まさに自己満足の極みだが、このときの悦に浸る感じが運動好きの僕にはたまらないのだ。このなんともいえない全能感はなにものにも代え難い。

しかし、「魔」というものは得てしてこんなときに差す。

何本目かのジャンプのときに、ある考えがふと頭を過った。

(そういえば猫は沈み込むように低く構えてから瞬発的に動きだすぞ)

垣根に跳び乗るときなどに俊敏な動きをする猫の姿が、ふと脳裏をかすめた。動物の動きに学ぶというのは、僕が敬してやまない身体技法の研究者である甲野善紀《こうのよしのり》先生からの教えである。師の教えに忠実な僕は、すぐに猫の動きを真似てみようと思い立った。地面に両手を着くまではいかずとも、屈《かが》み込んだ状態から跳んだらどうなるだろう。無事に跳び乗ることができるだろうか。

（いっちょ試してみるとしよう）

今から思えばかなり無謀な挑戦であることは明々白々なのだが、あのときのちょいと高揚した状態では致し方ないのかもしれない。溝を越えて「鳩尾」に跳び乗れたことへの自信はいつしか過信となり、僕から幾分かの冷静さを失わせていた。

しゃがみ込み、そして跳んだ。やはり届かなかった。右足の爪先が植え込みに引っかかって体勢を崩し、気がつけば左足を溝の中に突っ込んだまま尻餅《しりもち》をついていた。あまりに唐突な出来事に驚いた僕は、深い眠りから叩き起こされたときのような慌てぶりで、まず辺りを見回して学生の有無を確認する。できることならこんな格好悪い姿は学生に見られたくない。

キョロキョロしたが誰もいない。

よかった。

ホッ。

としたのも束の間、左足の親指にかなりの痛みが走る。

だんだん強くなる痛みにようやく事態を把握した。僕は転んだ。派手にひっくり返ったのだ。

「強い」から怪我をする

研究室に戻り、アイシングをしながら自らの愚行を振り返って、落ち込む。

そして、ふと思う。また左脚だ、と。

そうなのだ。昔からそうだが、下半身の怪我はいつも左側なのである。

現役時代からずっと通っている接骨院がある。まだ通いはじめてまもなくのころ、院長である三宅安道《みやけやすみち》先生は、練習や試合での動きを見たわけでもないのに僕の癖を看破《かんぱ》してみせた。

「平尾くんは左脚が強いのでそれを頼りにして動こうとする。だから左側を怪我するでしょ？」

僕はドキリとした。

そういえば中学時代からことあるごとに捻るのは左足首だ。度重なる捻挫で靭帯がその機能を失い、内側も外側も伸び切っている。だから練習や試合には必ずテーピングを必要としたし、現役を退くまでずっと僕の左足首にはテーピングが巻かれていた。僕は左足首の怪我にずっと悩まされてきたのだ。

意外だったのはその理由である。

「強い」から、怪我をする!?

よく捻挫をするのはその部位周辺の筋力が足らないからだ。骨折をするのは骨密度が低いからだ。つまり怪我をするのはその部位が「弱い」からである。このようにふつう僕たちは、怪我した理由を受傷部位が機能的に劣っていたからだと考える。

でもそうじゃない。強靭で頼りがいがあるからこそ、その部位を最大限に活用して身体は動こうとする。つまり、あまりに優秀過ぎるが故に怪我をするのだと三宅先生は言うのである。

他の部位が担うべき役割すらも背負うことができるほどの強靭さが、かえって仇《あだ》になり、よく働きよく動く部位だからこそ怪我をする。これまで僕が身体に抱いてきた考えとは正反対なのだが、よくよく考えればこちらのほうが理に適《かな》っている。

今回の怪我も左であった。

ジャンプした後、右足の爪先が植え込みにかかってバランスを崩した。身の危険を感じた僕の身体はどうにかして危機を回避すべく、もがいた。もっとも強い部位である左脚でなんとか体勢を立て直そうとした。地面でも溝でも足を着くのなら右よりも強靭な左脚のほうが大事には至らないはずだ。たぶん僕の身体はこう考えた。

だが、強靭な左脚でもってしても回避しきれないほどのバランスの崩れだった。そもそも猫になったつもりでジャンプを試みること自体が間違っていたのだ。最小限の怪我にとどめるべく緊急回避的に足を着きにいったのはやはり左脚で、その結果、親指を捻る事態に陥った。

あのときを回想すれば、おそらくこういうことだったのだろう。

もしもあのとき右脚で着きにいったなら、もっと大きな怪我をしていたかもしれない。いや、たぶんしていたはずだ。そうにちがいない。足首を捻挫したか、あるいは骨折をしていた可能性だって否定できない。衝撃を吸収できず、地面に着いた手を負傷していたかもしれない。それを思えば、僕の左脚の功績はとてつもなく大きい。親指を負傷しながらも身体全体を守ってくれたのだから。「猫になる」なんて無謀な試みをしてしまい、本当にすまなかった。大事に至らずに済んだことに心より安堵している。

そんな僕の気持ちを知ってか知らずか、膨れっ面で顔を赤らめている左足の親指は訳知り顔でこちらを眺めている。次から挑戦はほどほどにしよう。それからゆっくり時間をかけて左右のバランスを整えていこう。

Column

ラグビー日本代表には外国人選手がいる

ラグビーでは外国人選手でも日本代表に選出される。ニュージーランドやトンガなどの外国籍を持つ選手が日本を代表するチームのメンバーに名を連ねることができる。

ラグビー関係者なら誰もが理解していることの事実は、どうやらラグビーに詳しくない人たちにとっては受け入れ難いことのようである（いや、たとえラグビー関係者であっても全員が納得しているわけではない。事実は理解していてもこの制度に納得し、快く受け入れているかどうかは定かではない）。以前にツイッターで

「外国人選手のいる日本代表チームを応援する気にはなれない」という意見を頂戴した。日本を代表するチームなのだから日本人だけで構成すべきである。この意見は至極、正論である。しかし、日本代表の一員だった僕はこうも単純に言い切ることができない。なぜならかつて外国籍のチームメイトとともに汗を流し、つらい練習を乗り越え、試合を戦ってきたからである。これらの経験はかけがえのないものとして僕の心に刻まれている。

一九九九年のワールドカップで同部屋だっ

たパット（パティリアイ・ツイドラキ選手の愛称）。彼とは片言の日本語と片言の英語でやりとりしながらいろいろな話をした。フィジー国籍だった彼は、引退後に帰国して会社を立ち上げると意気込んでいた。だから部屋にいるときはその準備のために不動産や経理に関する本を読んでいて、練習以外はずっと勉強に勤《いそ》しんでいた。ワールドカップ中だというのに余裕があるんだなあと、その逞しくもマイペースな姿を眺めていたのが思い出される。日本での所属チームがトヨタ自動車だったので、僕が所属した神戸製鋼ともよく試合をしたし、同じポジションだったから対面勝負をする機会も多くあった（足が速く、アグレッシブなプレースタイルで、タックルするのに必死であった）。突然、甲高い声を発して皆を驚かせたり、いつも陽気で明るい彼だったが、試合になれば誰よりも真剣で、グラウンドを縦横無尽に駆け回ってトライを量産する名ウイングだった。

あまりに突然のことで驚いたのだが、現役引退後に帰国してまもなく急性心不全で亡くなった。三十三歳という若さだった。所属チームが異なるのでそこまで親しいつき合いがあったわけではないが、たとえわずかであっても日の丸を背負ったチームメイトとして彼のことは一生忘れることはない。彼のために僕が唯一できるのは、彼のプレーぶりを後世に語り続けることだと心に決めている。国籍を異にするとかしないとかではなく、かけがえのないひとりのチームメイトとして彼は僕の中にずっといる。

ラグビー日本代表の条件：「国籍」より「チーム」への所属を優先

ラグビーは外国籍を持つ選手であっても日本代表に選出される。とはいえ、誰だってなれるというわけではない。日本ラグビーフットボール協会規約に定められている条件をクリアしなければならない。詳細については規約を参照してもらうことにして、ここでは大枠を示すに留めておく。

①日本で誕生した

②両親、祖父母のうち一人でも日本の出身である

③日本で満三年以上継続して居住している

このいずれかをクリアし、かつ、他国の代表選手に選ばれていなければ（つまり二カ国以上の代表選手になることは認められていない）、日本の代表資格を得ることができる。これは日本にかぎらず世界も同じ。だからたとえばウェールズ代表にニュージーランド国籍を持つ選手が選ばれることがありえるし、こういったケースは枚挙に遑《いとま》がない。

僕が出場した一九九九年のワールドカップメンバーには六名の外国人選手がいた（グレアム・バショップ、ロバート・ゴードン、ジェイミー・ジョセフ、アンドリュー・マコーミック、パティリアイ・ツイドラキ、グレッグ・スミス）。いずれの選手も主力で、全員が先発メンバーであった。マコーミックに関してはキャプテンを務めた。当時は、外国人選手をそこまでたくさん起用してでも勝ちたいのかという、どちらかと言えば批判的な声が世論の大半で

があったように記憶している。

結果的にワールドカップでは三戦全敗。その結果、「外国人選手をたくさん起用したって勝てなかったじゃないか」と各メディアは挙《こぞ》って書き立てた。プロスポーツでは結果が伴わなければ容赦なく批判される。勝者は賞賛され、敗者は見向きもされない。これは必然だ。

同じチームに外国人選手がいる。ただそれだけのこと。僕の実感としてはこのこと以外にリアリティを感じなかった。先に述べた通り、今日では複数国にまたがって代表選手になることはできないのだが、当時はまだこの規則がなかったので、元オールブラックス（ニュージーランド代表の愛称）の選手が同じチームにいた。世界のトップに君臨し続けるラグビー王国出身の選手は、やはりものが違う。ラグビーが国技で、全国民が注目するスポーツにずっと身を浸してきた選手は、ラグビーへの取り組み方から違う。ひとつ一つの練習に手を抜くことが一切なかった。そんな選手が同じチームにいて、そのプレーを目の当たりにすることができた。厳しくも楽しくプレーするその姿に思わず見とれてしまうので、自分のプレーに集中するのに苦労するほどであった。そこには国籍が異なるからどうのこうのという考えはなく、僕の目には尊敬できるひとりのラグビープレイヤーとしか映らなかった。この人たちと一緒に試合をしたい、この人たちに認められたい、そんな想いで練習に取り組んでいた。

勘違いしないでほしいのだが、外国人選手

だからとか、オールブラックスだからという理由でそんなふうに感じたのではない。もしそうであるとするならば、外国人選手と日本人選手を区別する視点をもつことに他ならず、その点で、外国人選手を排して日本人だけの代表チームが理想であるとする人たちの考えとなんら変わるところがない。

卓越したプレーをする選手が目の前にいる。それがたまたま外国人選手だっただけ。もちろん日本人選手だってすごいプレーをする。代表に呼ばれたばかりの当時の僕にとってはすべての選手のプレーが刺激的だった。中学や高校のときの友達に、「〇〇選手のタックルはえげつないねんぞ」とか「〇〇選手のスピードは半端なく速いわー」とか、さも自慢げに話していたのを憶えている。

その〇〇選手が外国人であろうと日本人であろうと、それが問題なのではない。目を奪われるような卓越したプレーに国籍の違いは関係がない。国籍云々の話はいうなればその卓越さの理由をもっともらしく後づけしたにすぎない。

ラグビーの日本代表に外国人選手がいることの是非。これについて軽々に語ることは難しい。なぜならこの問題には「日本人とは誰のことか?」という問いが絡んでくるからである。この根源的な問いに、今の僕が十分に答えられるとは到底思えない。だから自分の経験を引き合いにして思うところを綴ってみたわけであるが、書いてみたところで何がわかったわけでもなく、もしかするとさらに話を複雑にしただけかもしれない。しかしこの手の問題は、話をわかりやすくするよりも、どんどん複雑にしてしまったほうがよいと思われる。単一の答えを探そうとするのではなく、「問いを重ね続けること」がそのまま答えになる。

とはいえ、何ひとつ結論を出さずに終えるのは忍びないので、僕の考えを最後に述べておくことにする。

僕は「こんなスポーツもあっていいじゃないか」と思っている。オリンピックが国籍主義だからといってそれに合わせる必要もないし、それと同じ見方でラグビーを見なくてもよい。ラグビーは所属協会主義、つまり今現在プレーする国・チームに重きを置くという考え方である。国籍が異なってもチームメイトとして三年以上プレーすればよいとすることの考え方を、僕はとても気に入っている。「生まれた場所は違ってもこれだけ長く一緒にプレーしたんやからお前はもう仲間や。せやから代表になれるんやぞ」というのは何とも人情があると思いませんか？　他の種目を見渡せば、オリンピックに出場したいがために国籍を変更する選手がちらほらいる。それを思えば、どう考えてもこっちのほうが健全だろうと思われるのである。

国籍がどうのこうのというのは頭での判断。西洋的風貌《ふうぼう》の選手が選ばれている日本代表を応援できないというのは、この判断によるもの。でも、まるで一五人がひとつの身体のように振る舞うチームプレーに目を奪われるのは、身体（感覚）レベルで起きること。外国人がいてもいなくてもそれが日本を代表するチームというなら、それでいい。他のスポーツとは違い、ラグビーは所属協会主義に基づいて行なわれている、ただ、それだけのことだ。

第四章

「見る」と「聴く」：私の身体論2

「見る」のも大事な練習だ

「声援」はなんのためにあるか

ある人からこんなことを訊ねられた。

「練習中や試合中になんであんなに声を出すん？　決められたかけ声とかもあってなんか面倒くさそうやし、あんなにワーワー声を出す必要ってあるんかいな？」

微《かす》かに残る記憶を辿ればこの方はスポーツおよび体育会にあまりよい印象を抱いておらず、話し振りからしてわかる通り、やや否定的なニュアンスが込められていた。スポーツ現場はいささか賑《にぎ》やかすぎやしないかというご指摘である。

なんだかスポーツが馬鹿にされたようで僕としては心中穏やかでいられなかったのだが、悔しいことにその場では十分に反論できなかった。「『声を出すこと』の目的はコミ

恐れ入ります
切手を
お貼り下さい

〒152-0035

東京都目黒区自由が丘
2-6-13
株式会社ミシマ社
編集部行

フリガナ

お名前　　　　　　　　男性・女性　　　歳

〒

ご住所

（　　　）

お仕事・学校名

メルマガ登録ご希望の方は是非お書き下さい。

E-mail

※携帯のアドレスは登録できません。ご了承下さいませ。

★ご記入いただいた個人情報は、今後の出版企画の参考として以外は利用致しません。

ご購入、誠にありがとうございます。
ご感想、ご意見をお聞かせ下さい。

① この本の書名

② この本をお求めになった書店

③ この本をお知りになったきっかけ

④ ご感想をどうぞ

＊お客様のお声は、新聞、雑誌広告、HPで匿名にて掲載させていただくことがございます。ご了承ください。

⑤ ミシマ社への一言

ユニケーションを図ることで、その結果としてチーム全体のパフォーマンスが向上するんだ」くらいまでは言い返したものの、これでは十分に説明したとはとてもじゃないか言えない。しかも冷静になって考えてみたら思い当たる節も出てきて、そういえばそうだよなあと鋭いご指摘にたじろぐしかなかった。

たとえばクラブ活動では、ベンチにいる部員たちが執拗《しつよう》に声を出して自チームの「応援」を繰り返している。チャンスが到来したときやピンチが訪れたときなど情況に応じたかけ声が決められていたり、また選手ごとに流行曲を替え歌にした応援歌を作るなど手が込んでいるチームもある。中には相手を威圧するような応援もあり、その目的は相手のミスを誘発することや、精神的にプレッシャーをかけることにある。勝つ確率を上げるためには有効な手立てなのかもしれないが、試合はあくまでも出場している選手が主体である。試合会場がホームかアウェイかの違いで生じる偏った雰囲気は試合を盛り上げるためのエッセンスになるが、あまりに露骨なものは見ていて気持ちがよいものではない。また試合の翌日には声がつぶれるほど過熱する場合も珍しくはなく、そこまでするのならば応援団を結成してそちらを本業にしたらいいのではないかとさえ思う。

いずれにしても、スポーツには応援がつきもので、とくにクラブ活動では保護者も含めチーム一丸となって行なうのがひとつの文化となっている。

ちなみにラグビーでは過熱した応援をよしとしない。少なくとも僕が高校生だったころは、試合中に声を出してずっと応援し続けるなんてことはなかった。グラウンド脇に仲間同士で集まり、静かに観戦することがほとんど。大学に入るとさらに緩くなり、必ず全員がまとまる必要もなく「だいたいその辺」に集まっていたにすぎなかった（残念ながら数年前に母校の大学の試合を見たときには部員全員で集まり、声を合わせて応援していた。誰かの呼びかけで自発的に行なっているならまだいいが、もし「決まりごと」として仕方なく行なっていたのなら考え直すべきだと僕は思う）。

社会人になってもそれは同じで、だから試合はそのなりゆきをじっくり観るものとして僕の中にある。

いつぞやにJリーグの試合を見に行ったときに驚いたのはその賑やかさであった。キックオフの前から私設応援団が鳴り物を使って応援し続けており、相当なデシベル数を示すであろう大音量がスタジアム中に充満しているのには驚いた。競技が異なれば応援の仕方もぜんぜん違うのかと、改めて感じたのを憶えている。

いや、これはいいとか悪いとかの問題ではなく、サッカーとラグビーでの応援文化の違いにただただ驚いたというだけである。もしサッカー観戦に慣れた人がラグビーの試合観戦に初めて訪れたとすれば物足りなさを感じるにちがいない。さすがに何度か観戦するうちに慣れはしたものの、隣に座る人の声が聞きとりにくいほどの喧噪《けんそう》だけは、いまだに勘弁してほしいとは思っている（サッカーファンの方々、すみません、どうしても試合はじっくり話をしながら観るものなんです、僕にとっては）。

さて、話をクラブ活動に戻す。

そのやや過熱ぎみの応援を詳細に観察してみるとオモシロいことがわかる。ほぼなんの感情もなくただ義務感のみで声を出しているかのように映る選手の多いこと、多いこと。そのフラットな表情で応援するさまに僕はいつも異様さを感じる。応援しているフリならしなくてもいいんじゃないかとさえ思う。もちろん応援が試合の流れを生んだり変えたりするのは承知している。だから応援すること自体に異論を唱えるつもりはない。ただ「形式的な応援」にはたしてどれだけの意味があるのかは正直なところよくわからないし、はっきり物申せば馬鹿馬鹿しいとさえ思える。

「見る」は「する」に等しい

そもそもベンチに入れないのはまだ下級生だからという理由か、あるいは実力的に劣るからである。彼らが試合に出場するためには速やかにルールや慣習を憶えなければならず、競技力を向上させなければならない。ならば、応援に気をとられるよりも目の前で行なわれている試合を目を皿にして観たほうがよいのではないか。声を出さなければ怒られるような雰囲気の中で試合を観るのではなく、先輩やコーチからアドバイスをもらいながら「観る」ほうが、ルールや慣習の熟達および競技力の向上につながるはずだ。

武道には「見取り稽古」というものがある。すぐれた術者の動きを「見るだけ」の稽古法だが、なまじばたばた走り回って大汗かいて稽古するよりもはるかに術技の上達に資するのだと、凱風館《がいふうかん》館主の合気道家・内田樹《うちだたつる》先生に教えていただいた。

武道にそれほど馴染みのない僕でも、これには深く頷《うなず》かざるをえない。スポーツの世界ではとかく身体を動かすことに目がいきがちだが、何百年もの時間の風雪に耐え忍んで現在にまで伝わる武道の考え方は、やはりひと味もふた味も違う。「見る」も立派な稽古になる、すなわち練習になるということだ。

そういえば憧れた先輩のプレーはいまだにはっきりとした映像として脳裏に焼きついている。高校時代はスズキさん（鈴木貴之）のしなやかな走りに、大学時代はハジメさん（西村哉《はじめ》）の緩急のついたランニングスキルとチョーさん（大場将隆《おおばまさたか》）の鋭角なステップワークに、同級生だとクマタカ（向山昌利《むこうやままさとし》）の堅実なタックルやパスがそうで、彼らのイメージはいつでも引き出し可能なほどに鮮明なままだ。

「不意に目を奪われてその動きに釘《くぎ》づけとなる」という経験がプレーのイメージをつくりあげるとすれば、脳裏に焼きつくほどのこうしたイメージは、その後の上達に大きな影響を及ぼしたはずだ。つまり僕のプレースタイルは、先に挙げた先輩や同級生に影響を受けており、この影響は指導者による指導に匹敵するほど競技力の向上に資すると僕には思われる。「ここにいる私」から意識が離れ、「そこにいる熟達者」に同化して、身の丈を超えたプレーができる世界を先取りし、それを仮想的に生きること。これはもう練習の一形態だといっていいだろう。本当の意味でのイメージトレーニングとはまさにこのことだ。

さらにこうした現象は「ミラーニューロン」でも説明ができる。

「ミラーニューロン」とは脳の神経細胞のひとつで、ある行動をしている他人を見るだけで、自分がその行動をしているように活性化するニューロンのことである。まるで鏡写し、ということでこの名称がついたという。たとえば、アイスクリームをおいしそうに食べる人を見た場合、脳内は自分がアイスクリームを食べたときと同じような状態になる。実際に食べていないのでおいしさを感じることはないにしても、神経細胞の働きにおいては同じ反応を示すということだ。

これは考えようによれば、脳がいずれ訪れる将来に備えて「予行演習」をしているということで、いってみれば「未来の先取り」だ。ということは、すぐれた選手のパスやキックやタックルをしっかり見てミラーニューロンを活性化させ、脳内だけでも上達後に備えておけば、技能の発達や技術の向上に大きく寄与するであろうことは想像に難《かた》くない。脳内に生じる「かつて経験したはずだ」という錯覚が身体的なブレークスルーを引き起こす、というのは言いすぎだろうか。

つまり、「見る」は立派な練習なのである。怪我をして練習に参加できない選手は、ミラーニューロンを活性化させるべく「見取り稽古」に励むのがよろしい。練習を休んでいるからといって焦らず、自分は何もできないという思い込みを捨てて、じっと練習風景を「見て」いればよいのである。この「見る」機会を減じるという意味において、「形式的で過熱した応援」はあまりよろしくない。誤解してほしくないから何度も書くけれど、けっして応援そのものを否定しているわけではない。あくまでも「形式的」で「過熱」した応援に限ってこれは言えることで、どうぞ正確なご理解をいただきますように願います。

したがって冒頭で紹介した指摘は、「応援」に関しては的を射ていたのである。

だが、スポーツ現場の声は「応援」だけではない。試合や練習を行なう選手同士がかけ合う声というのもある。

声はまず聴いて、そして発する

「意思表示の声」でチームは動く

ラグビーを始めたばかりのときに指導者や先輩からしきりに言われたのは、「声を出せ」「黙ってやるな」ということだった。パスが欲しいときには「はい！」もしくは「パス！」と声を出しなさい。さもなくばボールがもらえないよ、と。

ラグビーというスポーツでは真横か後ろにいる味方にしかパスができないと先に書いた。トライをとるためには陣地を稼ぐ必要があるにもかかわらず前方にパスができないという、なんとも矛盾に満ちたスポーツがラグビーである。ここのところを再確認しておいて話を進めると、要するにラグビーではボールキャリアがその視界に味方を捉えることが原理的には不可能なのである。

もしも自分がボールキャリアなら、と想像してみてほしい。前方には幾人かの敵選手が行く手を阻《はば》むべく立ちはだかっている。スキを見せれば彼らにタックルを食らうわけだから自然と意識は前方に集約する。味方選手は自分の真横か背後にしかいない。視界の外にいる味方選手にパスをつなげるためには、彼らの声に耳を傾け、その気配を背中で感じなければいけないというわけだ。

だからパスを受けようとする際には声を出さなくてはいけない。もっというと、出す声が「はい！」や「パス！」では物足りない。パスをもらわんがためにボールキャリアに伝える情報としては不十分である。ボールキャリアからすれば、こんな単純な声では味方がどの位置に立っているのかはわからない。自分の右側にいるのか左側にいるのか、またどのくらい離れているのかがわからなければパスは出せないからだ。だから距離が離れていれば「ワイド」、すぐ近くなら「ポップ」（浮かすようなパスで十分という意味）、それから真横なら「浅い」、やや後方からなら「深い」など、ボールキャリアからみて自分がどのくらいの位置にいるのかを細かく伝える必要がある。「右ワイド〜！」とか「左深めポップ！」というふうに。ボールキャリアは背後から聞こえるこうした声を頼りにパスをするのである。

いやそんなことはない。首をひねれば味方を視界に捉えることができるじゃないか。そう思った方はラグビー経験者か、もしくはラグビー観戦に足繁《あししげ》く通っている人だろう。たしかに首を傾《かし》げればいとも簡単に味方選手を視認できる。現実的にもそのようにプレーしている選手がほとんどである。ご指摘の通りだ。だが、長らくの経験から言わせてもらえれば「視認」はあくまでも事後的な確認にしかすぎない。パスをつなぐには背後からの声を頼りに「気配を感じて」味方の居場所に見当をつけることがまず先にある。聴覚で味方の位置に大方の見当をつけたあとに、それを確認するための作業として「首を傾げての視認」がある。

「味方を目で見て」からのパスでは何もかもが遅すぎて有効なパスにはならない。しかも首を傾げると敵選手から目を離すことになる。そうすると不意にタックルを食らう可能性もあるし、そのうえ、首の動きで相手ディフェンスにパスコースを悟られ、こちらの攻撃パターンが読まれる。ディフェンスを切り裂くような絶妙なパスは、あくまでも「声を聴くこと」から生まれるのである。

つまり「パス！」や「はい！」といった声は「意思表示」である。「右浅めワイド！」なら「右側少し遠目でボールが欲しい」という意思になる。ボールキャリアの判断が最優先されるので、たとえ声が届いていてもパスがこない場合もあるが、大事なのは自分の意思をきちんと伝えることにある。

この意思表示の声をひとり一人が出すことによって確実にパスはスムースにつながっていく。なぜなら意思表示の声の連なりがそれぞれの役割を明確にするからである。たとえば誰かが「右!」という声を出して走り出す。するとその声を聴いた別の選手は左側に囮《おとり》としてのダミーランができる。あるいは右に走り込んだ選手がタックルされた後の情況を予測して、一呼吸おいてから走り出すこともできる。ひとりの役割が決まり、それが周囲に広がることでチームプレーは円滑になるのである。

たとえばバレーボールでよくあるのが、選手と選手の間にふわりと上がったボールをお互いが遠慮して真ん中にポトリと落ちるシーン。いわゆる「お見合い」である。これはどちらかが取りにいく意思を示さないから起こる現象である。ボールが空中に上がってすぐ「私!」でも「はい!」でもいいから意思表示の声を出せばレシーブすることができる。そのうえ、もう一人の選手は次のプレーに備えることができる。レシーブに失敗して意図しないところにボールが上がったときのために少し距離をとってみたり、次のプレーに備えてトスを上げるべくネットに近寄ってみたり。他にも野球やソフトボールなどではフライの捕球シーンで同じような「お見合い」現象がみられるが、これらは声で意思を表示しないから起こる。

技術がないと声は出せない

ひとりの「意思表示の声」が引き金となり他の選手の役割が決まっていくというのは、こういうことである。だから黙ってプレーするというのは、少なくとも球技（チームスポーツ）ではありえない。

とはいえ口で言うほど簡単ではなく、これがなかなかに難しい。声を出せと言われてすぐに出すことができれば世話はない。ラグビーだと、タックルされることへの恐怖を克服しなければ、走り込みながらパスを受けることはできない。先ほどのバレーボールでいうなら、レシーブそのものの技術が身についていないのに、積極的に声を出すことなどできやしないだろう。だからただ声を出せばよい、と指導するのではなく、なぜ声が出せないのかを探る姿勢が大切で、そうすることでその選手に足りない技術がみえてくる。意思表示の声が出せないのは単なる心がけの問題ではなく、その背景には多分に技術の問題が横たわっている。

やや遠回りしたけれど、つまり、こうした「意思表示」の声がスポーツ現場（球技をはじめとするチームスポーツに限る）を賑わしている。各人の意思が連なり合うことでチームプレーが発揮されるのである。

そしてもうひとつ、「意思表示」よりもさらに一歩進んだところにある声が「指示」である。

自分がどうするかの意思ではなく、自分以外の味方にどう動いてほしいかを指示する声。ラグビーだと絶えず変化し続ける情況でプレーしながら指示を出さねばならず、そのためには卓越した技術と、いかなる情況に置かれても動じない冷静さを併せ持たなければならない。「司令塔」とか「ゲームキャプテン」は、この「指示」の声が出せる人たちである。

「指示」の声はなにもチーム全員が発せなくてもかまわない。チームリーダーをはじめとする主力メンバー数人が発せればそれでよい。一五人で行なうラグビーなら二、三人もいれば十分だ。試合の流れを読み、次に起こる場面を予測する力がなければ、自らがプレーしながら指示を出すことなどできやしない。

現役のころの僕はどうだったかというと、周囲に指示を出すまでのレベルには至らなかったと思う。「意思表示」の声は努力を積み重ねれば必ず発することができるようにはなるが、「指示」の声はそう単純ではない。判断そのものの確かさが求められるし、それには試合全体の流れを捉える目が必要となる。情況を捉え損ない、間違った判断が続けば誰もその声を聴き取ろうとしなくなるのは明白で、これは身体レベル、つまり肌感覚でそうなる。試合中の選手は声色や抑揚で聴き入れるかどうかを判断している。「あの人はその都度正しいことを言う」という信頼を勝ち取り、皆がリーダーと認めた者の声は、たとえどんなにか細くとも、あるいはどれだけ喧噪《けんそう》に包まれていても、耳に入ってくるから不思議だ。

「意思」の連なりとそれに横串《よこぐし》を通すような「指示」の声が、スポーツ現場には横溢《おういつ》しているのである。

「聴く」があっての「発する」

第二章でも述べたけれど、大学時代の恩師である岡先生はこんな話もしてくれた。

「コミュニケーションはな、話すことと聴くことを指すんや。話すだけではあかん。声を出すだけではあかんのや」

当たり前にすぎることながら目から鱗《うろこ》が落ちたのを憶えている。

僕たちは声を出すことだけに意識が向きすぎている。「意思表示」の声をいくら出したところで、そこに聴く耳がなければその声は雲散霧消《うんさんむしょう》する。どれほど的確な「指示」の声であっても、聴く耳がなければそもそも成り立たない。誰にも届かない声を出し続けることくらいしんどいことはない。やがて声を出すのがいやになり、そのことでパスがつながらずプレーが停滞する。当然のことながらチームの調子は上がらない。その雰囲気を感じ取った指導者は焦りを隠せず「声を出すように」と指導するが、それではうまくゆくはずもない。聴く耳の欠如がもたらす無意識的な沈黙が原因だからだ。

その結果、声の出し方が形骸化《けいがい》する。怒られないように「出しとけばいい声」を連呼するようになる。

岡先生は、スポーツ現場におけるコミュニケーションの硬直性を鋭く指摘していた。誰かに届かそうという声とそれを待ち構える耳。言葉とボールをやりとりしながらパスをつなぐのがラグビーであり球技である。

「聴く」があってこそ「発する」がある。尖った声で埋め尽くされるスポーツ現場はもういらない。

耳でものが見えるのか？

音でものを見る「エコロケーション」

この章ではスポーツ現場の賑やかさを取り上げて「見る」と「聴く」について書いてきた。ここまでの考察の仕上げとして、瞠目《どうもく》に値する人物を紹介することにしたい。その名はダニエル・キッシュ。彼のことを知れば、私たちの身体に潜在している能力がどれほど深く広大であるかに想像が及ぶことだろう。

ダニエル・キッシュという人物をひとことで形容すれば「コウモリ人間」になろう。超音波を発し、その跳ね返りを感知することで闇夜でも障害物にぶつかることなく飛行できるコウモリのような人間、それがダニエルである。

ダニエルは目が見えない。にもかかわらずマウンテンバイクを乗り回すことができる。

木々を吹き抜けるそよ風が心地よい丘陵地から、人や自動車が行き交う市街地まで、場所を問わず障害物をよけながら気持ちよくバイクを走らせる。まるで前方が見えているかのようなハンドルさばきには、見た者すべてが驚くはずだ。驚くのはまだ早い。同じ盲目の人たちを率いてツーリングのガイドすら行なっている。

ダニエルは言う。

「道の両脇で灌木《かんぼく》が地面に触れているのが聴こえるし、もし大きな石や木が行く手かその近くにあればそれも聴こえます」

灌木や石や木を「聴いている」。健常者が目で見て確認する代わりにダニエルは耳でそれらの存在をありありと感じている。言ってみれば「耳で見ている」のである。

いったいどんなふうにして景色を見ているのだろう。

幾人かを率いるツーリングのときには、複数のマウンテンバイク同士をビニールひもでつなぐ。そのひもがタイヤのスポークにあたったときにカチカチと音をたてる。その音を頼りに進行方向を定め、道幅から逸《そ》れないようにしているのだという。ここでも音を頼りに自分と障害物との位置関係を把握していることがわかる。

ただ、さすがのダニエルでもこのカチカチ音だけでは心もとない。

これ以外にダニエルは自ら音を発してもいる。吸着音（クリック音）である。舌の側面を使い、まるで舌打ちをしたときのような鋭い音を発し、それが灌木や石などの障害物から跳ね返ってくる音を聴いて、その所在や形状を「見ている」。〈エコロケーション〉（反響定位）と呼ばれるこのナビゲーション法を使って、ダニエルは自由自在にバイクを乗り回している。

つまり、さきほどの「コウモリ人間」はたとえでもなんでもない。周囲から聴こえる音と口ら発する吸着音の跳ね返り方によって周りの環境を把握している。超音波と吸着音の違いはあれど、ダニエルはまさしくコウモリの持つ能力を備えている。

ここで少しダニエルの来歴を辿ってみよう。

彼は生後四カ月のときに網膜に悪性の腫瘍《しゅよう》がみつかり、両方の眼球を摘出した。よって、生まれてからものを見た記憶がない。この世界を視界で捉えたことがなく、したがって私たちが当たり前に見ている街並や自然の景観、自動車、パソコン、人の姿形など、あらゆるものの色や形を知らない。

それなのにダニエルは自動車のフォルムを正確になぞることができる。車体に触れるか触れないかのところに手をかざし、フロントバンパーから後部ガラスまで車体と一定の距離を保ったまま、その形状をなぞるのである。吸着音を発しながら、かざした手が正確にその形状を指し示すその様には驚愕《きょうがく》する。また、遠方にそびえるビルディングすら指し示すこともできる。吸着音の跳ね返りに神経を集中させるあの仕草からは「見えている」としか思えない。

人は無意識に「エコロケーション」を行なっている

〈エコロケーション〉を身につけたのはいつごろなのか。本人の記憶では物心がついたときだというが、両親によれば、それよりもっと以前の両眼を摘出する前から使っていたらしい。「網膜芽細胞腫」という悪性腫瘍のために両眼を摘出したのは生後一三カ月のときだからどこかで誰かに習ったわけではなく、自発的に使い始めたということになる。友達と同じように遊びたい、自由に外出したいという欲求がそうさせたのではないだろうか。両親は自分たちが案内役になるのを控え、たんこぶやあざができようとも活発に動き回るやんちゃなダニエルを少しも制限しなかったというから、彼の探究心や好奇心はスポイルされることなく、いつも全開だったはずだ。

今こうして〈エコロケーション〉を使って自由に動き回れることは、こうした両親の育て方で培われた自信のおかげだと、ダニエルは言っている。

そして彼は、すでに身体知として身についていた〈エコロケーション〉を大学時代に学び直すことになる。そしてこれまで自発的に行なっていた吸着音を発する行為が、〈エコロケーション〉と呼ばれていることを知り、そこから関連する文献を読み漁《あさ》った。〈エコロケーション〉を単なる経験としてではなく、学問として体系的に学び直すことで以前よりもはるかに巧みに使えるようになったという。

現在、ダニエルは「世界盲人協会」の会長を務めており、盲人はもちろん、彼らを取り巻く家族や友人にも視覚障害者の潜在能力を理解してもらうべく世界各地を飛び回り、〈エコロケーション〉の指導を行なっている。実際に指導した人の中には六十五歳で盲目になった人もいるし、健常者であってもこの能力が使えるようになった人もいるという。つまり、この〈エコロケーション〉は生まれついてのものではないし、盲人だけに備わる能力でもない。不幸にも人生の途中で視覚を失った人も身につけることができると彼は力説する。

では、この能力を身につけるための条件とはいったいなんなのか。

ダニエルは言う。

大切なのは本人の意欲だと。失敗を恐れず熱心に練習をすることだと。これこそが〈エコロケーション〉の達人になる一番の方法なのだというのである。しかも、この〈エコロケーション〉という能力は、日常生活においてすでに私たちが無意識的に使っているとも指摘する。

視覚に障害があれば、それを補うように聴覚などその他の能力が発達する。これはよく耳にする話である。障害がある身だからこそ、それ以外の感覚能力が発達するのであり、だから健常な人間にはダニエルのように「耳で見る」ことはできない。こう思われる方はたくさんいるだろうし、事実、僕もそのように思い込んでいた。

だが、ダニエルはこれをきっぱりと否定しているのだ。

ダニエルのように自ら吸着音を発してその反響を聴くのは〈能動的エコロケーション〉だ。それとは別に、自然と耳に入ってくる音を頼りにその干渉縞《かんしょうじま》を聴くのが〈受動的エコロケーション〉である。この〈受動的エコロケーション〉は、じつはすべての人間が無意識的に行なっている。

いわれてみれば思い当たる場面がいくつか思い浮かぶ。

たとえばラグビー選手はこの能力を存分に使ってプレーをしていると考えられる。先にも書いたように、自分をフォローしてくれる味方選手は常に背後にいる。彼らを視認すれば相手選手を視界から外すことになるし、パスコースも読まれてしまう。だから彼らがどこにいるのかは「耳で見る」。僕たち選手の実感としては「背中で感じる」が近いかもしれないが、同じことだ。背中で味方の気配を感じるためにじつは聴覚を研ぎすませていたのだと考えれば、なるほど合点がいく。

ラグビー選手は背後を耳で見ている。つまり〈受動的エコロケーション〉を行なっている。たぶんこれは間違いない。

グラウンドではなくもっと身近な生活環境に目を向けてみると、たとえば道を歩いているとき、背後から近づいてくる自動車の車種が僕たちにはだいたいわかる。ガタガタと荒い音ならば大型トラックだし、静穏ながら重みのあるエンジン音ならレクサスとかベンツとかの高級車だ。荷台に荷物を積んだ年季ものの軽トラックの、音もわかりやすい。たまにお目にかかるフェラーリなどのスポーツカーは「一聴瞭然」だろう。

また人の足音もだいたいわかる。クロックスを引きずっているのか、ハイヒールや革靴のコツコツ音なのか、あるいは速いテンポでリズムを刻むジョギングシューズの音なのかくらいは区別できる。ほとんどが無意識的だが、知らず知らずのうちに僕たちはこうした音を聴き分け、近づいてくるのか遠ざかるのかなども含めて周囲の情況を把握しようと努めている。

間違いない。僕たちは〈受動的エコロケーション〉を行なっている。

聴く能力を鈍化させる「歩きスマホ」

さらに想像を膨らませてみる。

最近、街中で増殖中なのが「歩きスマホ」だ。

「歩きスマホ」な彼らは、普段の生活の中で無意識的に行なっているはずの〈受動的エコロケーション〉を自らシャットアウトしていることになる。音というのは本人が聴こうとしなければ耳に入ってはこない。のっぺりとした画面に視線を落とし、触覚に乏しいデジタルな仮想世界に意識を向け続ける大多数の人たちは、「聴く」という感覚がもたらす豊穣《ほうじょう》さをみすみすどぶに捨てている気がしてならない。俯《うつむ》き加減で歩く「歩きスマホ」な人たちは、周囲の情況を全身全霊で傾聴しているダニエルの「目」にはどのように映っているだろう。我が道を行く「歩きスマホ」な人たちが行き交う大阪・梅田の地下街を、はたしてダニエルはうまく歩けるのだろうか。

道を歩いているときでもいい。ランチを終えたひとときでもかまわない。今、どんな音が聴こえているのだろうかと、耳を澄ませてみる。おそらく想像以上にたくさんの音が耳に飛び込んでくるはずだ。木々の枝がこすれ合う音、子供たちがはしゃぐ声、すずめの鳴き声に風の音……。意識するだけで僕たちは「いろんな音」を聴くことができる。それなのに画面のなかに意識を閉じ込めておくなんて、まさに宝の持ち腐れである。

「歩きスマホ」は、僕たちが知らず知らずのうちに使っている〈受動的エコロケーション〉という能力を錆《さ》びさせる。僕にはそう思われてしかたがない。

ダニエルの存在は「聴く力」の奥行きとそれがもたらす豊かさを私たちに教えてくれる。

Column

二〇一三年プロ野球日本シリーズ雑感

楽天優勝が人々に訴えかけたこと

二〇一三年の日本シリーズは楽天イーグルスの優勝で幕を閉じた。圧倒的な戦力を誇る読売ジャイアンツだけに大方の予想は巨人優位だった。その下馬評《げばひょう》を覆《くつがえ》しての優勝に世間はおおいに盛り上がった。

「楽天対巨人」という対戦カードには注目に値するトピックスがいくつもあった。

たとえば球団創設九年目の楽天が、過去に九年連続日本一を達成し、名実ともに日本を代表する巨人に挑戦するという構図はなかなかオモシロい。創設当初はロッテに〇対二六で敗北したチームが日本一を争うステージにまで進出してきたのだから、とくに楽天ファンでもないのについ応援したくなった判官《ほうがん》贔屓《びいき》な人たちはたくさんいただろう。

さらにいえば楽天は東北・仙台に本拠地を置く球団で、その背後に被災者の存在を感じた人は少なくないだろう。復興を強く望みながらも日々の生活を営むなかでなかなか具体的な支援活動ができない人たちはおそらく日本中にいて、そうした人たちは被災地にせめても明るい話題が届いてほしいと願っていたはずである。被災地へのこれら無意識的な思いが楽天の優勝を強烈に後押ししたのではないかとも思う。

聞くところによれば、優勝を決めた直後の星野監督のコメントに涙した方々がたくさんいたらしい。二〇一一年に起きた東日本大震災がフクシマという言葉で一括《ひとくく》りにされ、風化の一途を辿りつつある現在、楽天イーグルスが日本一になったというのはとても示唆的である。これを機に僕たちはもう一度、今の日本がどのような状態にあるのかを再考すべきではないか。東京五輪招致のプレゼンテーションで安倍首相が発した「情況はコントロール下にある」という言葉も含め、あの天災および人災を改めて考え直す契機としてこの年の日本シリーズを位置づける必要がある。

「楽天優勝」というドラマティックな展開を最深部で支えたのは、私たちの心の奥底に沈殿していた被災地への思いであった。

また六戦目に先発し、その翌日にもマウンドに上がって二日で一七五球を投げた田中将大《まさひろ》投手（現ニューヨーク・ヤンキース）の起用が物議を醸《かも》したことも記憶に新しい。

試合を見ていた僕の感想は、「おおっ、田中、男前っ！」である。星野監督の演出的な起用法に批判的な声があるのも知っているし、もしも落合博満氏が監督なら間違いなく投げさせなかったという合理的な反論も耳にした。その理路にはなるほどそうかと頷くところもあるが、だがしかし。

そうした反論を支えているのは、「野球選

手の肩というのは消耗品である」という考えであろう。たとえばアメリカのメジャーリーグでは一試合での球数制限を設け、怪我を少なくして長く現役選手でいるための配慮がリーグ全体でなされている。その一試合、そのシーズンで燃え尽きるのではなく、現役選手でいられる期間の長きにわたって高いパフォーマンスが発揮できるようにするための配慮である。そこには「人情」が入り込む余地が、ないとは言い切れないがまあ少ない。合理的ではあるし、もし僕が選手という立場ならば球数制限という制度は歓迎するにちがいない。

でも、そう簡単に割り切ることもできないのが正直なところであり、いわゆる今回のような「特例」というケースもあって然《しか》りなのではと思う。なぜなら、最終戦の九回に田中投手がマウンドに上がった瞬間は鳥肌が立ったからだ。そこには確実に心を震わすだけの物語が生まれていたし、実際それに感動した人たちもたくさんいたわけである。諸手《もろて》を挙げて礼讃するわけではけっしてないが、田中選手のあの起用は僕としては「あり」である。

則本投手が「マーくんに似ている」理由

超人的な活躍をしたのはなにも田中選手だけにとどまらない。

うちの嫁が「顔が田中投手に似ている」と主張する則本《のりもと》投手がすごかった。新人ながら一戦目で先発を務め、負けはしたもののヒリヒリするような好投をした。圧巻だった。それもさることながら僕としては五戦目のほうが特筆すべきパフォーマンスだったように思う。

二点リードの六回からマウンドに上がり、九回で同点に追いつかれながらも冷静さを失わずに延長戦での勝利を生んだ、あの強心臓ぶりにはたまげた。どこからどうみたって弱冠二十二歳がみせるパフォーマンスではない。

「んぐぐぐ」と声にならない声がだんだん心にたまっていくのがわかった。

そうして気持ちが昂り、どんどん前のめりになっていく僕の横では、嫁がしきりに「マーくんに似ている」と呟《つぶや》いている。完全に同意はできないまでも言われてみればそうかもしれないね、と最初はお茶を濁《にご》していたのだけれど、回を重ねるごとにだんだん似ているように思えてきた。よく見れば、まなじりを決した表情がたしかに田中投手と似ている。なるほど、目標を同じくするチームで戦う者同士は「まなざし」が似てくるのか。後輩にとって、先輩がなにをまなざしているのかはたしかに気になるものだ。

認めよう、則本投手と田中投手の顔は似ている。

だが、より丁寧に表現するとすればそれは「顔」ではなく、「表情」だ。

「プレイヤーズプレイヤー」という造語がある。ともにプレーした同士にしかわからない魅力や能力を備えた選手のことを指して、ラグビー界ではこう呼ぶ。いってみれば選手同士で認め合う「選手の中の選手」。

彼らの魅力や能力は数値に換算することができないのはもちろんのこと、メディアやファンによる目であっても評価されにくい。

現役だったころを振り返れば「なぜこの人はこんなにも評価が低いのだろう」、場合によっては「なぜ日本代表に選ばれないのだろう」と、疑問を抱かざるをえない選手が少なからずいた。ともにプレーした選手ならその卓越ぶりは一目瞭然なのに、である。

彼らのプレーぶりは往々にして地味に映る。しかし、彼らが率先して引き受ける泥臭いプレーの数々があるからこそ、観る者を魅了するほどスピーディな試合展開が可能になる。いろんな意味で周囲が騒がしくともそれを気にせず黙々と自分の役割を担うことができる。そんな選手が「プレイヤーズプレイヤー」だ。

圧倒的な実績を持つ選手はえてして孤高《ここう》の存在になりやすく、それがいき過ぎれば近寄り難いオーラを纏《まと》う。それに対し、「プレイヤーズプレイヤー」はそうではない。むしろ身近にすら感じられる存在である。厳しくもあり優しくもある。そのプレーぶりには底なしの敬意を抱きつつも、どこか隙がある。笑顔を絶やさずに黙々と「雪かき仕事」を行なう。

少なくとも僕の経験則ではそんな人が多かった。

そして、ごくたまに双方の資質を兼ね備えた人がいる。図抜けた実績を持ちながら地道なプレーをも厭《いと》わず、しかもどこか身近に感じられる人。こうして気さくに話をしているのだけれど、よくよく考えればこの情況はとても恵まれているのではないかと、なんだか幸せな気持ちになれる人。そんな人を目の前にしたとき、僕たちはその「まなざし」につい惹きつけられる。

田中選手はそんな人なのではないかと僕には思われる。

楽天イーグルスのチーム内では、「この人はなにをまなざして野球をしているのだろう」という、やや見上げるようなまなざしが田中投手に向けられているはずだ。その最たる選手として則本投手がいる。

年齢もそれほど離れていない先輩に日本球界を代表する大投手がいて、ともすれば嫉妬や羨望《せんぼう》のまなざしが向いてもおかしくない情況にもかかわらず、実直なまなざしが注がれている。則本投手は、田中投手自身をではなく、そのまなざしを、まなざしている。田中選手が見ているものを、見ようとしている。「表情」が似てくるのはだから必然であるし、その意味で、あの腹の据《す》わり具合は田中投手譲りと言い切ってもいいかもしれない。

ひとりの選手の揺るぎないまなざしがチームをまとめるってことはおおいにありうることで、則本投手だけでなくおそらくは他の選手にしても、田中投手のまなざしをまなざしていると僕は思っている。

改めて被災地の方々に思いを馳《は》せ、絶妙に交差する二人の投手のまなざしに震えたのが二〇一三年の日本シリーズであった。

第五章

時間も身体も超えて

伸び縮みする時間の中で

誰にとっても一秒は一秒か

月曜日の午後はいつも静かな時間が流れている。講義や実技もなく、会議もない。おまけに同じフロアに研究室を構える先生方のほとんどが研究日のため不在である。心なしか学生たちもこの時間は研究室にほとんど寄りつかず、ひっそりとした静けさのなかで僕はその週の仕事を概観し、講義の準備に勤《いそ》しむのがここんところのルーティンだ。見通しを立てて、それに応じて仕事をする。晴れた日はだんだん傾いてゆく陽光を感じながら、雨の日は雨粒が窓を叩く音がBGMになる。

これが別の曜日となれば違った時間が流れる。

たとえば講義と実技と会議が重なる日はほとんどデスクに座っていられない。教室と体育館と会議室を行ったり来たりでいつのまにか一日が終わっていることも少なくない。会議がない日は研究室にいられるのだが、ゼミ生をはじめ学生がちょくちょく訪ねてくる。お菓子が目当ての学生は雑談に興じたのちに適当なタイミングを見計らってお帰りいただくが、部活動におけるスランプや悩みを打ち明けに来た学生には、激励の言葉をかけずにはいられないのでつい話し込む。それに師走《しわす》を迎える時期になると、卒業論文の執筆に追われる学生が突然駆け込んでくる。

いつ誰が訪れてくるかわからない。

だから月曜日以外の研究室にはちょっとだけ慌ただしい時間が流れることになる。そんな日々を過ごしていると改めて気づかされるのが「時間」である。

部屋の壁にかけられた時計に目をやると、じつに律儀《りちぎ》に時を刻んでいる。腕時計はどこにいても正確な時刻を僕たちに知らしめてくれる。一秒は一秒だし、一分は一分である。世界中どこに行ってもそれは変わらない。

と、僕たちは思い込んでいるのだが、はたして本当にそうだろうかとも思う。誰にとっても一秒は一秒で、一分は一分なのだろうかと問われれば答えに窮《きゅう》してしまう。

たとえば、あれこれ決めなきゃならないのに先延ばしの連続で、まるで重箱の隅を突くような意見が飛び交う会議に出席しているときと、気のおけない仲間とおいしいものを食べながら談笑しているときとを比べてみると、その違いは歴然としている。会議の時間はだらだらと流れ、友達との時間はあっという間に過ぎ去る。好きなアーティストのライブに行っているとき、麻雀をしているとき、スポーツ観戦をしているときなど、人それぞれ夢中になっているときの時間はあっという間に過ぎ去るのが僕たちの身体実感である。

つまり時間は伸縮する。こうして主観的には濃淡の生じる「時間」という概念を、あえて可視化したものが「時計」だといえるだろう。この「可視化された時間」を僕たちは無意識に受け容れているので、時間は誰しもに平等であり、その長さも同じであると思い込んでいるが、刻一刻といまを生きている僕たちの主観からみてみればじつはそうではない。

明らかに時間は伸び縮みしている。

時間が消えたワールドカップ

ラグビーの試合中でもそれは起こる。むしろずっと伸縮し続けているといってもいい。

他の選手がどうかは知らないのであくまでも僕の経験則だが、試合のある局面でふっと時間の流れが遅くなることがしばしばある。いや、「遅くなる」というか「止まる」に近い。周囲の音がなくなり、異様な静けさのなかをただひとりでプレーしているような、そんな感じがはっきりとした体感として今も身体に残っている。「極度の集中状態に入っていた」のは間違いないにしても、いったいどうやってそんな状態に没入できたのか。そのあたりは今でもよく言語化できないでいるが、とにもかくにも時間感覚が伸び縮みしていることだけはたしかだ。

いくつかある「時間伸縮経験」のなかでもとくに印象深いのは一九九九年にウェールズで行なわれたワールドカップである。対戦相手は主催国でもあるウェールズ。七万人を収容するミレニアムスタジアムという会場で、決勝トーナメント出場のかかった大事な試合でのある場面で、それは起きた。

主力選手である松田努選手の怪我で急遽《きゅうきょ》出番が回ってきた僕は、千載一遇《せんざいいちぐう》の機会が与えられてこの上なく緊張していた。代表メンバーに選ばれたばかりで経験も少ない僕は、今大会での出場は叶わぬ夢だろうと思っていたからである。

もちろん僕にとっては「吉報《きっぽう》」であった。だがそれは裏返せばチームとしては「大事」でもあった。僕の出場はチームにとっては不安要素のひとつでもあり、しかも怪我で出場できない松田さんが実績も実力も兼ね備えた選手だったとくればなおさらである。

「平尾で大丈夫か!?」、各メディアは挙《こぞ》って書き立てた。

メディアだけが不安視したのではない。チームメイトだってそうだったはずだ。おそらく監督だって内心はそう思っていただろう。

「平尾で彼の代役が務まるのだろうか」

なんとなくではあったがその雰囲気を肌で感じた僕は、心の中にある不安や緊張を表に出すことはどうしても憚《はばか》られた。

どうやらやせ我慢をせねばならない。

今の僕にできることは僕自身が感じているこの不安や緊張を周囲の人たちに感じさせないことである。もちろん試合で活躍するに越したことはないが、その前段階で僕にはすべきことがある。それはチームメイトが僕のことを気にせず、自分自身のプレーに集中できるような雰囲気をつくること。つまり足を引っ張らないってことである。そう思った僕は、チームメイトと報道陣の前では至って冷静に、むしろ明るく振る舞うように努めた（うまく不安を隠せたかどうかは当時のメンバーに訊いてみないとわからないが）。練習後のインタビューでも前向きな回答しか口にしなかった。できることなら逃げ出したい気持ちを抑えて「楽しみです！」を連呼した。内心は不安で不安でいっぱいだった。

やせ我慢。当たり前だがその反動はやってくる。

練習が終わり、食事も済ませてホテルの部屋に戻ると、途端に脱力感に襲《おそ》われた。夜な夜なバスルームに閉じこもって震える身体をなだめすかしていたのがありありと思い出される。あのときは本当に怖かった。もし試合中に失敗ばかりしたらどうしよう、これまでの努力がすべて水泡に帰してすべてを失うんじゃないだろうか。どうしても悲観的な予測しかできず、茫漠とした不安を自らでせっせとつくり出していた。わかっていてもどうにも止められなかった。今、思い出しても胃の奥が痛くなる。

そして試合当日を迎える。

いざ始まったらやるしかない。身体を動かすしかない。とは思っていてもなかなか身体は動いてはくれない。試合が始まってもどこかソワソワした感じが拭えない。

キックオフしてまもなく、地に足が着いていない僕をめがけて相手スタンドオフのニール・ジェンキンスがハイパント（キック）を蹴りこんできた。

その瞬間だった、時間が止まったかのように感じられたのは。

（なんで、キック？）

大会前までのウェールズはほとんどキックを使わず、パスとランニングで好調を維持していた。なのでまずキックを蹴ってきたこと自体に驚きを隠せなかったのだ。

困惑しつつもその理由にはすぐに思い当たる。

（あっ、なるほど僕がまだ若造だと知ってのことだな。とれるもんならとってみろよってことか、望むところだ）

日本代表の正フルバックが怪我をして、代わりに経験の浅い若手選手が出場していることは、事前のスカウティングによりウェールズは当然知っている。だからこそ、まずはそこを攻めた。綻《ほころ》びそうなところから攻める。これは勝負の鉄則である。

こうした相手の意図がわかり、「くそったれ！」と感じたものの、それでも不安はまだ顔を覗かせる。

（いや待てよ。もしこれを落球して、それを機に相手が勢いに乗ったらどうしよう。チームメイトに顔向けできなくなるし、それこそもうラグビー続けていく自信がなくなるんとちゃうやろか）

絶対にキャッチしてやると意気込む自分と、どうしようもなく弱気な自分。両者が互いに鎬《しのぎ》を削る。

と同時に、やたらと冷静に情況を見つめる自分もいた。

(しかし改めて見ると本当に大きなスタジアムやなあ。観客はあんなにも上にいるのか。そのほとんどがウェールズファンで、こんなにもアウェーの中で戦ってるんか、僕たちは)

空中高く蹴り上げられたボールを見上げながら、こんなことも思っていた。ウェールズのチームカラーである赤で染まった観客席が、まるで頭上からせり出してくるかのように感じるなかで、その威圧《いあつ》感をまるで他人事《ひとごと》のように分析しているのに自分自身で驚く。音はいっさい聴こえない。

(それにしてもなかなかボールが落ちてこないなあ)

てなことがわずか数秒のあいだに脳裏を過る。

そしてボールが落ちてきた。いざキャッチせねばと、ボールを掴《つか》みにいく。が、掴み損ねた。しまった。そこで慌ててもう一度掴み直そうとする。無事にキャッチ。結果的には事なきを得た。ひとまず僕はラグビーをやめずにすんだのである。

すべてがスローモーションで、無音であった。

あのときの時間意識は明らかに歪《ゆが》んでいた。

前述したように、自分にとって好ましくない時間がスローになるときとはぜんぜんちがう。好ましくない時間をやり過ごそうとすれば、先ほども書いた通り「時間が気になる」が、僕が経験したこの現象では「時間が消えた」。だから正確に表現すれば「スローになる」のではなく「止まる」になる。これはまったくの想像だが、おそらく僕は時間という概念の外にはみ出したのではないか。まだまだこのあたりをうまく説明するまでに研究は進んでいないものの、あの時間感覚の伸縮は心にはっきりと刻《きざ》まれている。

時間はどうすれば「止まる」のか

どうやら時間は伸び縮みする。一般化は避けなければならないが、それでもスポーツ場面においては「時間の伸縮」という概念で説明できる現象がたくさんあると僕には思われる。どのスポーツにおいても能力に秀でた選手は伸び縮みする時間の中でプレーしているのではないだろうか。野球をはじめとする各球技では「ボールが止まって見える」というコメントを残す選手が多いが、これも「時間の伸縮」で説明することができるだろう。

では、それを可能にするにはどうすればよいか。つまり、意図的にその状態に没入するにはどうすればよいのだろうか。選手も指導者も、そこが一番知りたいはずだ。しかし残念ながらそこはよくわからない。ただあくまでも「今のところは」ということで、これから自らの経験をつぶさに検証していきながら、研究を深めていきたいと思っている。

ただ現段階でひとつ言えることは、「その瞬間に埋没《まいぼつ》すること」である。「時間が止まる」を論理的に考えてみれば、一切の雑念がなく「いま・ここ」と自分とが完全に一致したときにそれは起こりうる。

時間を川の流れに例えてみればわかりやすいかもしれない。川の流れに逆らって泳げば力みが生まれて「自分」が意識されるけれど、流れのままに身を任せれば「自分」は消える。「自分」が流れているのか「水」が流れているのかがよくわからなくなる。たぶんそんな感覚だ。「自分」と「時間」が過不足なく一致したとき、あくまでも主観的には時間が「止まる」。

鍊磨《れんま》の仕方次第では時間の流れを乗りこなすことができる。そう考えたい。

ちなみにあのキックをキャッチしてからは、無事に乗り切れたことに安堵《あんど》したのか、プレーすべてに精彩《せいさい》を欠いた。試合後にマスメディアからは酷評された。ほろ苦い思い出である。あの瞬間に感じた時間感覚でキックオフからノーサイドまでをプレーできればよかったのだろうが、それは叶わなかった。

「こころ構え」をつくる

「闘争心」と「冷静さ」のさじ加減

どんな人でもある舞台に臨むにあたってはそれ相応の「こころ構え」をするだろう。「こころ構え」がうまくできれば十中八九、望む結果を残すことができる。スポーツの試合だけでなく、たとえば就職や進学における試験や面接、ピアノの発表会、大事な取引に結びつくかもしれないプレゼンテーション、教育実習や模擬授業など、人それぞれの舞台で自分の能力を最大限に発揮しようとして、私たちは「こころ構え」に腐心《ふしん》する。

あまりに当たりまえ過ぎることをいきなりなんだと思われたかもしれない。だがここでは、ある面で手垢《てあか》のついた「こころ構え」について書いてみるつもりである。なぜなら、ありきたり過ぎる故に、その本質なるものがこれまでほとんど語られてこなかったような気がするからである。

いってみれば「こころ構え」とは、ものごとを成功に導くために大切な、というよりも必ず身につけなければならない所作《しょさ》である。たとえばスポーツに当てはめると、「練習ではうまいのに試合になると実力が発揮されない」選手は大成しない。緊張しないように揺れ動くこころを制御することは、ともすれば練習を反復して運動能力を向上させることよりも優先されるべき所作であろう。「ノミの心臓」とならぬように鍛えることが、なによりも先決である。

ラグビーにおいて求められる「こころ構え」とはどういうものか。

ラグビーをする上でもっとも大切なものは「闘争心」であると先に述べたが、その「闘争心」をつくるということに尽くされる。身体のぶつかり合いに臆することがないよう攻撃的な気持ちをつくっておかねば、なにも始まらない。そのためウォーミングアップでは大声を出したり、実際に身体をぶつけ合ったりしながら自らを鼓舞《こぶ》する。どうしても弱気な自分を振り払えない場合は、両頬や太腿《ふともも》、ふくらはぎを叩き、肌への刺激を入れることで気持ちを高める。そう、土俵入りを前にした力士が行なうように。

あるチームメイトは、背中を思いっきり平手で叩いてもらってからグラウンドに出ていた。そうすることが彼にとって「闘争心」に火をつけるためのスイッチだったのだろう。少々の「痛み」が引き金となって気持ちが高まるというのは僕にも肌感覚でわかる。

また、あるチームメイトは、イヤホンで音楽を聴きながらゆっくり自らを高めていた。あまり話をすることなく、ときに瞑目《めいもく》して静かに闘志を燃やしていた。

人それぞれに方法は違うが、ラグビー選手は、迫りくる恐怖や不安を締め出すために、まずは気持ちを昂《たかぶ》らせようと努める。

しかし、度が過ぎてはいけない。気分が昂揚《こうよう》しすぎると冷静さが失われ、逆効果になる。試合中についカッとなり、相手を殴ってしまうことにもなる。ルールを超えての暴力につながる可能性があり、それは厳しく自らに禁じなければならない。

ラグビーに必要な「こころ構え」とは、冷静さを失わずに闘争できるこころのことであり、一線を超えてしまわない程度に気合いを入れることが求められる。このさじ加減がとても難しい。

国立競技場の「魔物」

今だから告白するが、こころ構えをつくるのに大失敗をした経験がある。それは大学三回生のときだ。

数年ぶりに全国大会準決勝進出を果たした我が同志社大学は、前年度優勝校である明治大学と対戦した。場所は国立競技場。収容人数五万人のスタジアム。満員とはいかないまでもほぼ会場を埋め尽くす観客の前で、キックオフの笛が鳴らされた。

開始まもなくパスが回ってきた。

（よし、いっちょ走ったるぞ！）

と前進を図ろうとしたその瞬間、異様なざわめきを感じて恐れ戦《おのの》いた。

なんと身体が動かない。走ろうにもまるで沼地にいるかのように脚が動かない。ゼリーの中に閉じ込められたかのように身体全体が重たい。そんな状態なのだから当然のごとく相手のタックルを躱《かわ》すことなどできず、あえなくタックルの餌食《えじき》になった僕はその場に倒れ込んだ。

僕は雰囲気に飲まれてしまった。「なにくそー！」という「闘争心」などどこ吹く風、僕のこころは萎《しお》れていた。「こころ構え」ができていなくて、国立競技場で明治大学を相手にするという独特の雰囲気に飲み込まれたのである。

国立競技場は明治大学にとってはホームグラウンドである。関西勢にとってはアウェイもアウェイ。当然、応援は相手チームのほうが勝る。頭上に覆《おお》い被《かぶ》さってくるかのように感じられるスタンドからの歓声は相手の勢いを後押しする。うねる歓声が耳をつんざくせいで味方の声が聴き取れず、サインプレーの伝達もままならない。これが「魔物」か、と思った。甲子園にも魔物がいるというが、ここ国立競技場にもいる。しかもとびきりのヤツが。

ヤツは確かな気配を伴って僕たちの周囲をウロウロしていた。国立競技場で試合を行なうことが初めてだった僕は、ヤツにとって格好の餌食だったのだ。

たしかに相手が一枚上手だったということもある。前年度優勝という実績も含め、強豪大学がひしめく関東で揉《も》まれ続けたチームとしての矜持《きょうじ》もあっただろう。試合開始まもなくの気迫はものすごいものがあった。彼らが醸し出す重圧の厚みは想像をはるかに凌駕《りょうが》し、フォワード陣の突進はまるで波が押し寄せてくるかのように感じられたし、バックスのディフェンスラインはレンガで築かれた壁のように見えた。為す術がない。そう感じざるを得なかった。

だが、こうなるであろうことは、事前に予測できていた。

アウェイであること、大歓声でサインプレーが聴こえづらいこと、だから、たとえ体感できずとも起こりうることを目一杯に想像すれば備えはできた。せめて「闘争心」を失わない程度の、最低限の準備はできたはずである。それができていれば八十分を通して不甲斐《ふがい》ないプレーを露呈《ろてい》せずに済んだはずだ。キックオフ直後は雰囲気に飲まれたとしても、時が経つにつれて次第にいつものプレーが遂行できたはずなのだ。

事実、一緒に闘ったチームメイトの大半は、しばらくして平常心を取り戻し、「闘争心」溢れるパフォーマンスを発揮した。負けはしたものの我がチームの後半の追い上げは凄《すさ》まじく、ある先輩に至っては走りに走りまくってひとりで四トライを奪った。「魔物」が取り巻くあの異空間でも見事に実力を出し切っていた。

でも僕は違った。屁っ放り腰のプレーに終始するうちに八十分間を終えてしまった。ある局面では片手でジャージを引っ張られるだけで倒されたりもしたのだから、情けないことこの上ない。思い返すだけでもこころがヒリヒリする。

どのような情況であっても「闘争心」だけは失わない。そのための「こころ構え」が、あのときの僕はできていなかった。当時のチームメイトにはただただ申し訳ない気持ちでいっぱいである。

読経で「臆することのない意思」をつくる

気持ちが怯《ひる》めば終わりだ。「闘争心」がなければタックルもできないし、すべてに後手を踏む。誠に苦い思い出である。

もう何度も繰り返してはいるが、この「闘争心」はラグビーならではのことである。つまり、身体接触が伴うスポーツとしてのラグビーをするための「こころ構え」であるということだ。だが、見方を変えればどの分野にでも当てはまるように僕には思える。「闘争心」という表現がいささか物々しい印象を与えるのだとすれば、こう言い換えてはどうだろう。

「臆することのない意思」というふうに。

「闘争心」すなわち「臆することのない意思」は、たとえピアノの発表会でも会社のプレゼンテーションなどのけっして闘争の場とはなり得ない場面であっても、「相手の心を揺さぶりたい」「この企画を認めてもらいたい」という思いがある以上、大切な「こころ構え」のひとつといえるのではないだろうか。

ラグビーでは身体接触に「臆することのない意思」が、ピアノの発表会では大勢の観衆に「臆することのない意思」が求められる。冷静さを失わず、それでも昂揚《こうよう》している精神状態、すなわち適度な緊張感を伴ったこころの状態としての「臆することのない意思」が、事を成すにあたっては必要となる。

一〇〇キロの選手にタックルするために気持ちを昂揚させる必要はなくとも、たくさんの観衆の前で堂々と振る舞うため、あるいは批判的で懐疑的なまなざしをはね返すためのこころは、つくっておかねばなるまい。

「臆することのない意思」をつくって試合に臨むために、僕はあるときから読経《どきょう》をするようになった。ちょうど社会人になって数年が経ったころだ。試合前日はチーム全員でホテルに宿泊するので、出発の用意を済ませたあとの暫しの時間、部屋でお経を読み、瞑想に耽《ふけ》る。冷静と情熱のあいだにこころを定めるべく、怪我をすることや試合で失敗することへの恐怖心や不安感を拭い、また集中力を研ぎすまして精神を落ち着かせるために、僕は読経を始めた。

ある方から読経にはこころを鎮《しず》める効果があると教えられたのがきっかけで、藁《わら》をも掴《つか》む思いで始めたのである。

とはいえ、当初はその効果には疑いを持っていた。半信半疑どころか、ほとんど信じていなかったといってもいい。その意味すら理解していない漢字ばかりの言葉を、ただ読み上げるだけでこころが鎮まるわけがないではないか。信心深い仏教徒がこころを込めて読み上げるかぎりにおいて何らかの利益がもたらされるのであって、生半可《なまはんか》な気持ちで唱えたところで効果は薄いだろう。何より日々、修業をしている仏教徒の皆さんに失礼である。

「こころ構え」は、そう易々とつくれるものではない。長きにわたっての精神鍛錬が必要で、むしろ自立して到達しうる境地である。「神仏にすがる」というこころそのものが、自らの弱さを物語っていやしないか。強いこころというのは何ものにもすがらずに、それ自体がぶれない強固なものであるはずだ。恐怖も不安も抱かず、なにものをも頼らないという信念こそが強いこころではないか。

つまり、そもそも「お経を唱えて神仏にすがること」という発想自体が、強いこころをつくることに背馳《はいち》している。

だから、半信半疑どころか、ほとんど信じていなかったのである。

しかしながら、わかっていてもどうしてもそうせざるをえない心境というものもある。

不可解な怪我が度重なると、得体の知れない不安に襲われる。軽く手をついただけで骨折したり、ただの打撲なのに首が回らなくなるほどの痛みが伴ったり、常識的に考えてそりゃないだろうと思われる怪我が連続して起きたとき、人知を超えるものがそこに介在したのではないかという不安をどうしても感じる。

怪我の大売り出しだったあのころは、どうしても弱気になる自分がいた。「試合前の読経」を始めたのはこうした理由からである。弱気な自分を拭い去り、冷静さを失うことなく闘争心を高めることにもつながるであろうことを期待しての読経だった。

いいか悪いかは別にして、一度始めるとなかなか止めないのが僕の性格である。半信半疑ながらもしばらく続けていると、不思議なことに、なんとなくだがこころの動きが把握できるようになってきた（半ば思い込みかもしれないけれど）。

あらゆる雑念を振り払って「無心」になればラグビー選手としての「こころ構え」はつくられる。「臆することのない意思」は、「無心」になることによってもたらされるにちがいない。「無心」になれば、望みどおりのパフォーマンスが発揮される。試合前に次々に襲ってくる心配や恐れや不安が取り除かれれば、緊張することなくいつも通りにプレーできる。よってあらゆる思念を振り払う必要がある。そう考えていた。

だから、お経を読みながらずっと、
「あらゆる雑念よ、なくなれ～」と念じていた。
だが、あるときに、この「あらゆる雑念よ、なくなれ～」もまたひとつの雑念である
ことに気がつく。
「欲よ、なくなれ～」がまたひとつの欲であるように、
「雑念よ、なくなれ～（無心になれ～）」もまたひとつの雑念である。
雑念を振り払おうとする先から、僕はせっせともうひとつの雑念を自らで生成してい
たのである。
これではいけない。この負のループからは一日も早く脱しないといけない。どうすれ
ばいいだろうかと悩みながらもその術がよくわからない。
「ひとつ一つの思念に囚われてはいけないんだよな、でもどうすれば？」
「すべての思念を浮かんだままに受け容れなければならないのかもな」
など、あれこれ試行錯誤するうちに、あるとき「ふっ」と心が透き通るような実感が
襲った。
たとえば精神を集中しようとしているときに、

（試合が終わったあとになにを食べようか？）と浮かんだとする。

今までは、

（そんなことを思うのは不謹慎《ふきんしん》だ）と必死に打ち消そうとしていた。

だが「打ち消そう」としてはいけないのだ。なぜなら打ち消そうとする思いそのものが雑念となるからである。

ではどうすればいいかというと、浮かぶ思念についていちいちこころを乱さず、ただ浮かんでいるまま客観的に眺める。あるいは、（オレは今、試合後に食べるものを思い浮かべようとしている）と同語反復するにとどめておく。そうすればやがて意識の外に流れゆく。そうこうしているうちに、また次の異なる思念が浮かぶのだが、それもまた相手にせずにただ放置する。意識を向けない。後から後から湧いてくる思念を気にかけず、この間はとにかく読経に集中する。文言を間違えないように、あるいはリズムを崩さないように気をつけながら。

思念に色をつけたものが雑念になる。浮かんだ思念を消そうとして色がつき、雑念になる。だから思念を消そうとするのではなく、浮かんだ思念そのままにただ読経を続ける。しばらくそうしていると、折り重なる思念がふっと消え去る瞬間が訪れるというわけだ。

このときのイメージは、

「意識の上で乱雑に散らばっている思念を、今まさに読まれるお経がまるで磁石のように吸いつけて、ひとつところに集めるような感じ」

散逸したものが集合させられる。そしていつのときか「ふっ」と消え去る。

たぶんこれが「無心」になる瞬間である。

意識のデスクトップに思念が一切ない状態が「無心」。これがつくれたときには自分でも驚くほどに冷静でいられるから不思議である。

思念が一切ない状態とは、表面的には言葉が飛び交うことのない状態だ。この語義からすれば、その最中にいるときにその感覚を言葉で表現することは原理的にできない。だから自分が「無心」の境地に至ったかどうかはあくまでも事後的にしか表現できない。いつ没入できるかわからないある瞬間を、待たずして待つことによって「無心」はいずれ訪れる。

「こころ」は三層構造でできている

こころの問題を考えるのはとても難しい。

沢庵禅師《たくあんぜんし》が柳生但馬守《やぎゅうたじまのかみ》に「剣禅一如《けんぜんいちにょ》」を説いたという『不動智神妙録《ふどうちしんみょうろく》』という書がある。あまりにも有名なこの書は、日本兵法の確立に大きな影響を与えたとして昔から評価されている。しかしその内容は兵法のみにとどまらず、仏法を通して剣を説き、さらに剣に生きる姿勢を説くなかで、人が人として生きるにはどうすべきか、あるいはどうあるべきかについて書かれている。

この『不動智神妙録』の中で沢庵禅師は次の歌を紹介している。

「心こそ心迷はす心なれ、心に心心ゆるすな」

複雑怪奇なこころというものを、見事に表現した歌である。「心を迷わすもうひとつの心」があり、「心を許してはならない心」もある。また、いわゆる読み手としての「俯瞰《ふかん》的に眺める主体的な心」もあって、歌の中では数種類もの心が絡み合っている。つまり歌の中に出てくる「心」は多義的であり、単一的に捉えられる代物ではないことがわかる。声に出して読んでみれば、この歌がいかにこころのありようを正しく形容しているかが体感的にわかるはずだ。

どうやらこころには構造がある。

さらにここから押し進めて、古代文字の研究者であり能楽師の安田登氏によれば、「日本的な心（こころ）」は三層構造でできているという。

一番上の表層にあるのが「こころ」であり、その下にその「こころ」を生む「おもひ」があって、もっとも深い層に「心（しん）」がある。

「こころ」の特徴は「変化する」ことで、たとえば去年まではあの人のことを好きだと言っていたのに、今年はもう違う人を好きになっている。そんな移ろいやすい感情が「こころ」である。

その「こころ」を生み出すもとになる動的な心的作用が「おもひ」。「おもひ」の中でも重要なのが「こひ」で、これを漢字に置き換えると「乞ひ」になる。雨が降らないから「雨乞い」をし、お腹が空くから「物乞い」をする。つまり、欠落状態が埋まるまでのなんとも落ち着かない、そんな不安定な状態を指す。

この二つとは異質な心的作用として「心（しん）」がある。人間の感情のずっとずっと奥にあって、言葉や文字を介することなく一瞬にして伝わるなにかである。「以心伝心」というときの「心（しん）」であり、「芯」や「神」にも通じる、ちょっと神秘的な心的作用でもある。

より詳しく知りたい人は『あわいの力』（ミシマ社）を参照してほしいが、この「日本的な心（こころ）」の三層構造には目から鱗《うろこ》が落ちた。読経しながらのあの思念との格闘を思い返すと、まさしくこの三層構造がくっきりと浮かび上がってくる。

移ろいやすい感情である「こころ」を制御するために僕は読経を始めた。恐れや焦り、油断、不安など、これらちょっとしたことで揺れ動く「こころ」とつき合ううちに、「おもひ」の存在に気がついた。他人からの承認を求め、羞恥《しゅうち》の回避を求め、権威を求めるから、「こころ」は波打つ。ならば「こころ」を制御するには「おもひ」を制御すればよい。そうひらめいた僕は、その「おもひ」を打ち消そうと躍起《やっき》になった。でもうまくいかない。打ち消そうとすればするほど「乞う」（求める）気持ちが増殖してゆき、頭の中は余計に混雑する。

そしてあるときにまた気づく。「打ち消そうとすること」はあらたに「おもひ」を量産し続けることに他ならないではないかと。この矛盾に気がついてからは、「おもひ」と格闘するのを避けるようになる。「おもひ」に気持ちが左右されなければ「こころ」

が揺れ動くこともない。そうしてだんだん意識がクリアになってくる。そうこうしているうちに、また変化が起こる。まるで霧が晴れるかのようにして、それらよりも古層にある「心（しん）」という存在が顔を覗かせはじめる。もしかすると、これこそ僕が探し求めていた「無心」の境地かもしれない。そう思わせるほどの透明感で満たされるのがとてもよくわかる。

動的な心的作用である「おもひ」に裏打ちされた「こころ」は、移ろいやすい感情であり、そこに「臆することのない意思」は確立しない。それが確立できるのは、最古層にある「心（しん）」である。これまでの僕が「無心」と呼んで探し求めていたものは、おそらくこの「心（しん）」である。間違いない。

つまり僕は読経を通じて「日本的な心（こころ）」の三層構造を実感したのである。「こころ」と「おもひ」をかき分けていくうちに、やがて辿り着くのが「心（しん）」なのだ。あくまでも僕の経験則だが、「無心」＝「心（しん）」の境地に至るためのひとつの方法として読経はふさわしいと思われる。

もちろん「こころ構え」をつくるには必ず読経をしなければならないといいたいわけではない。僕には読経がしっくりきたというだけである。そこに安田登氏が述べるところの「日本的な心（こころ）」の三層構造が、パズルのピースのごとくピタリと嵌《はま》った。気持ちのよいくらいに。

「こころ構え」をつくる上でもっとも大切なことは、自らの「こころ」の動きをそれぞれ独自の解釈でいいから言葉に置き換えてみることだ。それらを積み重ねることで、やがて自分なりの「こころ構え」を構築することができるようになると僕は思う。自分の「こころ」の動きを観察することなしに、「心（しん）」の境地に至ることはおそらく難しい。「緊張しないための一〇の方法」などという万人に当てはまるメソッドでは対処しきれない世界が「こころ」には広がっている。

「心（こころ）」の奥底にある「心（しん）」そのものは、「こころ」や「おもひ」をかき分ける営みを通じて、あくまでも内側から感じるしかない。そこには、まるで霧が晴れるような清々しさを伴う。しかも、一度感じたら終わりではなく、移ろいやすい「こころ」そのものと向き合うなかで、その都度「おもひ」をかき分けないといけない。

「こころ構え」は、そう簡単につくれるものではない。長い時間をかけてじっくりつくりあげるものなのだ。

「ある壁」のこっちとむこう側 ~漫画『バガボンド』より

「力み」を超えた「自然体」

僕の研究室には『バガボンド』がよく見える位置に並べられている。国民的な人気を博している漫画なので、わざわざ説明する必要などないと思うが、念のために書いておくと、かの『ＳＬＡＭ　ＤＵＮＫ』（スラムダンク）の作者である井上雄彦《いのうえたけひこ》氏が『宮本武《む》蔵《さし》』（吉川英治《よしかわえいじ》著）を原作に描いた漫画である。これがまたたまらなくオモシロい。と軽々しく表現してしまうのが惜しいほどに、オモシロい。娯楽としてオモシロいだけじゃなく身体論の研究にはもってこいの書だと僕は考えている。

たとえば二四巻あたりでは、やがて「七〇人斬り」につながっていく吉岡道場との因縁が描かれており、兄・吉岡清十郎の敵討ちのために弟・伝七郎が武蔵に戦いを挑む場面が出てくる。

ずっと兄の背中を追って稽古を積んできた伝七郎は愚直なまでにまっすぐな武士である。決闘前夜には直径二メートルはあろうかという岩を竹刀で叩き割るほど、気合いが漲《みなぎ》っていた。決闘当日、今か今かと武蔵を待ちわびる伝七郎は鼻息も荒く、眉間《みけん》に皺《しわ》をよせ、肩をいからせている。全身から湯気が立ち上ってもいる。

決闘の場である蓮華王院《れんげおういん》にやや遅れて登場した武蔵は、たくさんの見物人を静かにかき分けて伝七郎の前に姿を現す。いつのまにか見物人に紛れている気配の消し方も洞見《どうけん》に値するが、見物人に悟られないほど殺気を収めているのも見事だ。ゆらゆらとした歩き方で突然ぶらりと現れたその姿は、どこをどう見たってこれから決闘に挑むようには見えない。

そんな武蔵を視界に捉えた伝七郎はさらに熱りたつ。鼻息はさらに荒く、眉間の皺は深くなり、肩は筋肉で盛りあがる。対する武蔵はというと、ちらちら降りはじめた雪を認め、京都の冬の寒さに思いを馳せている。ゆらゆらとしながらぶつぶつ独り言を呟《つぶや》いている。呼吸は平常、顔に皺を寄せることなく肩は下がっている。まるで散歩ついでに足を延ばしたかのようだ。

このときの武蔵の立ち居振る舞いを表現するとすれば、「自然体」のひとことに尽きる。

威圧するように気合いを前面に押し出す伝七郎。

あくまでも「自然体」の武蔵。

この両者の対比に僕は「ある壁」を超えた者と、超えられなかった者をみる。

ラグビーを始めたころはとにかく無我夢中になって取り組んだ。未経験のスポーツなのだから当たり前だが、これまでの僕には身に覚えのない動きやプレーを強いられる。前方に走りながらやや後方にいる味方にパスするためには身体を捻る必要がある。これがなかなか難しく苦労したが、がむしゃらに反復することでやがて身についていった。

タックルにしてもそうだ。全速力で走る相手にぶつかりにいくのはとてもとても怖い。(痛いだろうなあ、でもここでビビってたら仲間に馬鹿にされるしレギュラーにもなれない、これは意をけっして飛び込まないとしゃーないなあ)

と、なんとか恐怖心をやり過ごしているうちに、こちらもいつのまにか身についた。

どのスポーツにしてもそうだろうけど、初心者のころは歯を食いしばっての所懸命な取り組みが必要になる。ラグビーなら思いきりぶつかって、思いきり走る。力の限りを出して日々の練習に取り組むからこそ上達への道が開かれる。そのときどきの自分の能力を一〇〇パーセント発揮することなしに身体が錬磨されることはありえない。そこには全身に力が漲る感じである「力み」が大いなる手応えとして感じられる。

しかし、である。

そうして成長していく途上には「ある壁」が立ちはだかる。一所懸命に取り組むだけでは超えられない壁が、いつの日か目前に現れる。歯を食いしばることがかえって動きを固くすることに気がつくのだ。パフォーマンスを高めるためには力を発揮しなければならないが、それが過剰になれば「力み」となり、かえってパフォーマンスは低下する。したがって適度なリラックスが必要となる。

技術的なレベルにまで掘り下げると、この「力み」から生じる筋肉の過緊張は、ひとつ一つの動作を大袈裟にする。ダイナミックな動きだからそれでいいと思うのは早計で、いうなれば無駄な動きが増える。この無駄な動きが相手には「予備動作」として伝わるため、次にこちらがどのように動くのかが簡単に読まれてしまう。ラグビーだと、相手のタックルを躱そうとする際にどの方向にステップを踏むのかが相手に筒抜けとなる。表情の強張り、肩のいかり、心に生じた焦りや不安などのシグナルから動きが読まれて、常に後手を踏んでしまうのである。

「力む」を繰り返すだけでは理想的な身体運用に近づけない。初心者のころに求められた「力み」は、より深みに至るためのさらなる成長を阻むことになる。

これが「ある壁」である。

「ある壁」を超えた武蔵と超えられなかった伝七郎。

言うまでもなくこの決闘は武蔵が圧倒的な強さで勝った。

剣を交える最中に敗北を悟った伝七郎が、自らの命と引き換えに道連れを目論んだのだが、それすらも瞬時のひらめきで相手の小刀を抜き、腹部を斬りつけて凌《しの》いだ武蔵。決死の覚悟をも平然といなす「臨機応変」を目の当たりにした吉岡の門弟たちは計り知れないその強さに絶句した。

「ある壁」を超えた人には、いくら壁の手前で愚直に努力を続けたところで勝てやしない。身体運用を考える上では避けて通れないこの「ある壁」の存在を、これほど見事に活写したものを僕は他に知らない。

伝七郎にかつての自分を重ね、武蔵が至った境地に思いを馳せるとドキドキと胸の鼓動がやまなくなる。引退が間近に迫ったあのときに、たとえ一時的にではあっても「あの壁」を超えていたときもあったんじゃないかという妄想が膨らむからだ。もちろん今だから思えることではあるけれど、妄想だから許してほしい。これこそが未練だということは、うん、わかっている。

孤独を背負う覚悟があるか

ここで終わらないのが『バガボンド』の奥深さである。

「ある壁」を超えられなかった伝七郎を、たくさんの人たちに愛される人物として描いているところには思わず涙が出る。

父の吉岡拳法は生前、伝七郎に「その鈍臭さがお前のいいところだ」と言った。「ある壁」の手前で愚直に稽古に励む姿を見ての「鈍臭さ」だった。

「そんなに力んでは目指すべき境地に到ることなどできやしないぞ」

ずっとそう見守っていたのだろう。そして、その鈍臭さが人を惹きつける魅力であることもまた父は見抜いていた。何より父自身、伝七郎がかわいくて仕方がなかったのだ。

また、兄の清十郎もこの壁を超えられないでもがき続ける弟をこよなく愛していた。女郎屋の愛人・朱美に「弟がもしも腕を斬られたとしたら、俺の腕をもがれたように痛む」とこぼしていた清十郎は、決闘前に単独で武蔵に挑んで返り討ちにあっている。武蔵と同じく「ある壁」を超えた兄・清十郎には、伝七郎の武士としての未熟さが十分にわかっていた。武蔵にかなうはずもないことは十分にわかっていた。だからこそ決闘前にたったひとりで闇討《やみう》ちを企てたのであり、これまでにもそうして道場破りから伝七郎ならびに吉岡道場を陰で守り続けていたのである。

父にも兄にも愛され、ほとんどの門人たちからも敬愛される人物、それが吉岡伝七郎だった。

こんなにも伝七郎を魅力的に描いた井上氏はいったい何を伝えようとしたのか。

理想的な身体運用に辿り着くには「ある壁」を超えなければならない。がむしゃらさや一所懸命や「力み」を手放さなければ、本当の意味での身体の錬磨はありえない。それにはある種の達観が必要で、それはつまり常識からの逸脱である。これまで築きあげた価値観をいったん括弧に入れ、新たに常識を築いていかねばならない。決闘時の武蔵のように、肩の力を抜いてリラックスしながら戦う姿は、大半の武士の目には「気合いの欠如」や「怠惰」に映る。「ある壁」の向こう側にいくには、こうした周囲の目を振り切る強さが必要となるのは言うまでもない。つまり、これまでの常識を覆してあらたな境地に独りで踏み出す勇気がいる。

集団から抜け出るという意味において、「ある壁」を超える際にはある種の情を捨て去らなければならない。井上氏はこのことを言いたいのではないか。伝七郎を、皆に慕われる人物として活き活きと描いたその裡《うら》にある思いは「ある種の情を捨て去ること」、すなわち「締念」ではないだろうか。言い換えれば、あいつは変人だと後ろ指を指される「覚悟」が伴わなければ、「ある壁」の向こうには辿り着けない。

女郎屋に通う清十郎にしても、独り旅を続ける武蔵にしても、世間一般の人から見れば変わり者で、そのレッテルを本人も受け入れている。つまり孤独を受け入れている。それとは対比的に、伝七郎の周りには人が集まってくる。決闘後、武蔵に切られた弔《とむら》い合戦にと吉岡の門人七〇人が結集するのが何よりの証左である。

「ある壁」を超えるということはこうしたつながりを断ち切るということ。それは孤独を背負うということだ。ではそのままずっと独りで歩んでいかねばならないかというと、そうではない。孤独を背負いながら修行を続けたその先にもまた、到達する境地というものがある。「ある壁」を超えて、さらに進んだ先に待ち受けている、もうひとつの境地というものが。

それが武蔵の心の師である宝蔵院胤栄《ほうぞういんいんえい》や柳生石舟斎《やぎゅうせきしゅうさい》である。

涎にも気づかない身体 ～漫画『バガボンド』より②

無の境地＝「ゾーン」に至ったら

武蔵と伝七郎との決闘から遡ること二巻。二一巻から二二巻にかけて、吉岡清十郎と武蔵の決闘が描かれている場面がある。

先に少し触れたが、ここは、弟・伝七郎では武蔵にはかなわないと悟った兄・清十郎が、弟を守ろうと本番の決闘を前に闇討ちを企てたシーンである。舞台となったのは、人骨が散逸しているほど寂しげな場所である蓮台寺野。深夜ということもあり、見物人どころか当の二人以外そこには誰もいない。

暗闇に紛れて武蔵は、決闘までの日々を持て余すかのようにぶつぶつ独り言を呟きながら剣を振っていた。伝七郎との闘いを数日後に控え、昂る気分を抑えきれずにやや息の乱れた姿がそこには描かれている。

そんな武蔵に清十郎がゆっくりと迫る。遠目からじわりじわりと、気配を悟られぬよう忍び足で近づいていく。その刹那、武蔵の背後からそっと手裏剣を放つ。あわよくばこれでケリがつけられたらという打算的な一手。いや、まさかこれで仕留められるとは思っていなかっただろうから、挨拶代わりの一手である。

それを背後の気配のみで反射的に躱《かわ》す武蔵。

その動きを「まるで猫のようだね」と評する清十郎。

こうして闘いの火ぶたは切って落とされた。

この闘いには前段がある。武蔵と清十郎が対峙したのはこのときが初めてではない。ちょうど一年前に吉岡の道場で相《あい》まみえている。

まだ田舎から出てきたばかりの本能むき出しで粗削りだった武蔵は、天下無敵を志し、道場破りを目論む。だが、当時は伝七郎にさえ及ばず、清十郎には軽くあしらわれて、無惨な負けを喫した。かろうじて一命はとりとめたものの生死を彷徨《さまよ》うほどの傷を負い、やがて死の淵から舞い戻った武蔵はその後の修行で驚くほどの熟達を果たす。

よって武蔵にとっての清十郎および伝七郎との闘いは、屈辱を晴らすためのリベンジマッチである。

清十郎は、一年前と比べてあまりに変貌した武蔵を前に驚きを隠せない。対峙したときの威圧感が以前とはまるで違うように感じる。「綿のような」ふわりと柔らかい重圧を前に、いつしか本気モードに切り替わり、期せずして互いのすべてをぶつけ合う真剣勝負へと突入していく。

何度か剣を交えたあとは互いに牽制《けんせい》し合い、一歩も動けずにいる武蔵と清十郎。不用意に動けばそれが命取りになるほど緊迫した場面で、そのときが訪れる。まさに勝負を決する「一《いち》の太刀《たち》」が振り下ろされようとする直前、武蔵は「無心の境地」へと至る……。

「この時……

涎《よだれ》にも気づかぬ程意識は体の隅々へ

清十郎の一の太刀に後の先を合わせるためだけの体と化す」

その瞬間、「一の太刀」を狙った清十郎の動きに合わせるかのように武蔵は切りかかる。なんと清十郎の身体は左の肩口から右の脇腹にかけてまっぷたつに斬り裂かれたのである。

この場面のどこに僕はゾクゾクするのか。それは「無心の境地」の描写である。「涎にも気づかぬ程に意識が隅々にいきわたった身体」には唸《うな》らずにはいられない。

スポーツの世界では、重圧がかかる場面でも高いパフォーマンスを発揮できる理想的な心身の状態を指して「ゾーン」という。極度に集中力が高まった心身の状態を意味し、試合の流れを左右するような大事な場面でいかんなく能力を発揮するには、「ゾーン」に入る必要があるとされている。その意味で、このときの武蔵は「ゾーン」に入っていたと言える。

ここで何よりもリアルに感じるのが「涎にも気づかない」ってところである。「ゾーン」、つまり無心の境地にあるときには口元は必ず緩む。たとえばラグビーの試合中は置かれた情況でたくさんの情報を取り込まなければいいプレーはできない。刻一刻と情況が変化するなかで的確な判断を下すためには、意識、無意識を問わず、五感を研ぎ澄ませておく必要がある。スクラムの優劣、風向き、争奪局面での趨勢《すうせい》、自分がマークする相手選手の顔色など、数えきれないファクターを瞬時に取り込むには、特定の感覚だけを働かすだけでは追いつかない。聴覚も視覚も嗅覚も、すべての感覚器を開いておくからこそ、同時多発的に受信が可能となる。そうして得た情報をもとに身体が最適な動線を辿るべく決断を下す。それがラグビーである。

このときの身体実感は「適度な緊張感を保ちつつのリラックス」である。だから口元は緩む。

涎にも気づかぬ純真さ

身近なところでは幼児を思い浮かべてもらえればよい。見るもの触れるものすべてが生まれて初めての幼児は、大人からみれば異常なほどに周りのものに興味や関心を示す。僕たち大人はこれまでの経験や知識で「これはスプーン、これは電池、これはリモコン」と物を仕分けすることができるが幼児はまだできない。それが一体なんなのか、知りたいというよりも触れたい、あるいは口に入れて確かめたい。まだ自我の芽生えていない幼児にとって目の前にある物体こそが意識のすべてで、それへの興味や関心で自分自身が埋め尽くされている。そこで歯を食いしばる幼児はいないし、涎に気づいて冷静さを取り戻す幼児などいるはずもない。

幼児と大人は違うと思うかもしれない。

だが、プレー中に口元が緩んでいるアスリートは意外にもたくさんいる。舌を出しながらプレーする選手はたくさんいて、有名なのは、NBA元バスケットボール選手のマイケル・ジョーダン。写真でも映像でも、彼はぺろりと舌を出しながらプレーをしている。ボールを保持せず味方に指示を出している場面では眉間に皺を寄せた険しい表情も見られるが、いざプレーしている場面ではそんなことはない。少しおどけた顔で舌を出すのがほとんどである。これは歯を食いしばっていないということに他ならない。つまり力んでいない。身体のどこにも力みがない状態でなければ、情況の変化に応じた最適な動き方ができるはずもないのである。

ちなみにラグビー界には「一流選手のマウスピースはすぐにぼろぼろになる」という信憑《しんぴょう》がある。一流選手ほど食いしばる力が強いからすぐに破損するということだが、僕からすればこれは眉唾ものだ。むしろ逆だろうと思う。僕が社会人時代につくったマウスピースはたった二つである。しかも日常的に使用していたのは主にひとつで、もうひとつはなくしたり、破損したときのための予備用であった。

話を武蔵に戻す。

つまりだ。あのときの武蔵は、まるで幼児のような純真さで置かれた情況に埋没していた。だからこそ清十郎の動きを遥かに上回る速さ・早さで反応できたし、人体をまっぷたつにするほどの威力ある刀さばきができた。それは「ゾーン」に入っていたからこそ為しえたことなのである。

だが、「ゾーン」がどのような状態かがわかったところで、そこに至ることができるかどうかはまた別問題である。これがまた相当な難題であることは論を俟《ま》たない。「涎にも気づかぬ程に意識が隅々にいきわたった身体」が理想だからといって、「涎が垂れるほどに口を半開き」にしたところで、武蔵のようになれないのは言わずもがなである。身体能力を高めたい僕たちが本当に知りたいことは、そこに至るにはどうすればよいかという方法論である。でも残念ながらそんな方法論は存在しない。自らが試行錯誤しながら身体を使い続けるなかでの体感を、ひとつ一つかき集める以外に、そこに至る方法はないだろう。

その意味では、まさに「道」である。すでにその道を歩いた先人がどのようなことを感じ、考え、気づいたのかを参考にしながら、やがて足跡ができるであろう目前の大地を自らの脚で歩いていくしかない。「無心の境地」に至るまでの方法が明確に書かれたマニュアルなどどこにも存在しないのだ。ここはもう諦めるしかなくて、腹を括《くく》るより仕方がない。

だから僕はこれからも、「涎にも気づかぬ程に意識が隅々にいきわたった身体」を理想像として心に描きつつ、身体を動かしていく。現役時代の経験や怪我だらけで後遺症が残るこの身体を愛でながら、ああでもない、こうでもないとやっていく。選手としての寿命は尽きたけれど、あれやこれやの経験がまとわりついたこの身体はまだそこそこ動けるはずなのだ（と思いたい）。

目指すは「ゾーン」に自由に出入りできる身体。

少なくとも歯を食いしばらないようにだけは努めることにするか。

Column

歓声が頼りなのです

歓声がパフォーマンスを左右する

第一章のコラムに引き続き、ここでもまた「無観客試合」について思うところを書いてみたい。

差別的な横断幕の掲示とそれに伴う「無観客試合」。この一連の事件は、観客あるいは運営サイドからみれば大問題であった。だが、誤解を恐れずにいえば、当日試合を行なう選手たちにとっては、さほどの問題ではなかったはずだ。なぜなら、いざ試合に臨む選手たちは、いかにパフォーマンスを最大化させるかに意識の大半が向いているからである。

スタジアムに足を運んでくれたファンに、エキサイティングな展開かつ勝利をプレゼントする。そのために最大限の努力をするのがプロスポーツ選手である。Jリーグともなれば多いときには万単位の観衆に囲まれての試合となるわけで、大観衆による圧倒的な応援を背に受け、あるいはブーイングに晒されて、試合を行なうのが常態である。

だが、あの試合は「観客」が抜け落ちた情況で行なわれた。いつもとは勝手が違い、張りつめたかのような静寂での試合を選手たちはどのように感じたのだろう。
　元選手の僕としては、今回の一連の事件でもっとも興味をそそられたのがじつはこの部分であった。
　まずは試合後に口にする選手のコメントを調べてみる。
　印象深かったコメントは以下の通りである。
　浦和レッズGK西川周作選手
「サポーターの声はありがたいと痛感した」
　浦和レッズMF原口元気選手
「いつも通りやりたかったが、どうしても気持ちの部分で難しかった。やっぱりサポーターの力で突き動かされている部分が多いと感じた」
　浦和レッズDF槙野智章《まきのともあき》選手
「選手は試合中に限界を超えるラインを引き上げながら戦っている。苦しい時間帯には、サポーターの声援によって一歩前に足を踏み出せるが、それがなかった」
「プレーへのリアクションがないのが一番難しかった」
　清水エスパルスFW長沢駿選手
「うちの声が相手にも聞こえてしまうのでやりづらかった」
　清水エスパルスアフシン・ゴトビ監督
「誰もいない情況で戦うと、魂が欠けているように感じる。無観客試合はこれが最後と願っている」（傍字筆者）
　サポーターからの声にありがたさを痛感した西川選手をはじめ、どうやら選手たちは相当にやりづらいと感じていたようである。観客とは文字通り選手をサポートする存在だということが、彼らの口ぶりからはよく伝わってくる。「観客」、つまり「歓声」が選手のパフォーマンスを左右するほどに重要な要素であることは論を俟《ま》たない。

まずは槙野選手の、「苦しい時間帯での一歩が踏み出せなかった」というコメントが意味するところを考えてみる。応援に背中を押された経験はおそらく誰しもあるはずで、これは情況を思い浮かべれば誰もがすぐに共感できることだとは思う。だが、ひとつ妙な言い回しが引っかかる。

「限界を超えるラインを引き上げる」

これはどういうことだろう。

当たり前だが肉体には限界がある。もうこれ以上は走れないし動けないという限界は、やがて訪れる。激しい運動を繰り返せば疲労物質がたまって筋肉は鈍くなり、運動強度に耐えきれなくなればやがて断裂する。心臓は鼓動の速さに耐えきれなくなって破裂し、また上昇した体温を下げられなくなれば多臓器不全に陥る。つまり究極的にいえば、肉体的・生理的な限界は「死」を意味するわけである。

もちろんこれはいささか大袈裟で、「死」が訪れるまで動き続けることなどできるはずもない。すべての人間はこの限界のかなり手前でブレーキを踏むようにできている。生理的な限界ギリギリまで追い込み過ぎたので、ついうっかり死んじゃいましたということにならないよう、カラダに十分な余裕が残っている段階で、「もうダメだ、これ以上は動けない」という指令を心が発する。カラダを守るために心はその手綱を握って離さない。

心理的な限界は肉体的な限界の遥か手前にある。心はカラダを守るために極めて慎重に判断を下す。ということはだ。この心理的な限界を引き上げることができれば自ずとパフォーマンスは上がる。槙野選手が言っているのはおそらくこのことだろう。

「つまり「限界を超えるラインを引き上げる」とは、心理的な限界を生理的限界に近づけることを意味している。

ちなみに僕の経験則では、この心理的な限界はわりとすぐにやってくる。おそらく生理的な限界のおおよそ半分にも満たないところで、心は「もうダメだ」と手綱を引く。現役時代を思い起こせば、どれだけ過酷な練習をして全身に疲労を感じていても、シャワーを浴びて寮に帰ることはできたし、数日も経てばまた元気に走り回ることができた。意外にもケロッと回復するカラダに、拍子抜けすることがとても多かった。と同時に、もしかしてもっと追い込めるのではないか。僕は心が弱いのかもしれないと落ち込むこともあった。

とどのつまり、歓声は「もうダメだ、これ以上は走れない」という心理的な限界を引き上げるという効果をもたらす。苦しさの一歩先で待ち受けるこの心地よさに、歓声は誘ってくれるというわけである。

音とともに発せられる「波動」

さて、次は長沢選手のコメントだ。「うち

の声が相手にも聞こえてしまう」ことにやりづらさを感じていたという。

味方同士の掛け合う声が相手に筒抜けになる……。歓声は、味方同士の声が相手に漏れないような遮音効果をもたらすということか……。

うん？　ちょっと待てよ。よくよく想像してみればこんなことがありえるのだろうか。味方同士の声のやりとりが敵に聞こえないのであれば、敵味方が入り乱れるグラウンドの上では、味方にだって聞こえないのではないか。パスする人と受ける人との距離が離れている場合も多いし、味方からの声だけが聞こえるなんて都合のいいことが起こりうるのだろうか。

サッカーは試合中であっても応援が行なわれ、絶えず鳴り物も含めた大歓声に包まれている。この情況を客観的にみた場合、「味方同士でやりとりする声が相手チームに筒抜けになる」ということはおそらくありえない。ということは裏もまた然りで、「相手の声は聞こえず味方の声のみが聞こえる」ということもまたありえない。敵味方がグラウンド上で散らばっている状態では、味方のみと選択的に声のやりとりなどできるはずがないからだ。

つまり、あの大音量の中で行なわれるすべての試合は、実際にはどれほどの声も行き交ってはいない。味方の声すらもかき消されて聞こえない。にもかかわらず選手には「味方の声だけが聞こえる、味方だけと声のやりとりをしている」という実感がある。そうだとすれば、選手が耳にしているものとはいったいなんなのだろう。

ここから僕の想像は暴走していく。

おそらくここでやりとりされているのは声ではない。少なくともデシベル的な音量として鼓膜を震わす声ではない。たぶん選手たちは「声らしきもの」をやりとりしている。音量が削《そ》ぎとられたあとに残り、耳ではなく身体全体で感知するしかないような、「気配」のようなもの。あるいは「心のざわめき」というか、もっといえば「念」とか「気」と言ってもいい。

いうなれば「音なき声」である。

なにもオカルティックな話をしようというわけではない。想像力をフル回転すれば、普段の生活場面において、僕たちがこのような「音なき声」をやりとりしていることに気がつくはずだ。

たとえば、大音量に包まれた音楽のライブ会場にいるとき。周囲の声はほとんど聞こえないながらも、こちらを見つめる視線と何気なく合うことがあるし、自分を名指す声にふと気づくときがある。あるいはイヤホンで音楽を聴きながら電車に乗っていて、遠くから呼び止められる声になぜだか気がつくこともあるだろう。あとになって冷静になればなぜ聞こえたのかの理由がわからないのだけれど、どう考えても聞こえたという実感は残っている。そんなときに僕たちは「音なき声」を聞いている。

この「音なき声」を頼りに選手たちはチームプレーを行なっているのだとしたら? 大

歓声にかき消されたとしても、こちらの意図や意思を伝えるのに十分な「波動」は残っていると考えれば？

誤解を恐れずに言えば、「声を出す」という行為は、音量を発するためだけに行なわれるのではない。実際には「波動」を発することが主たる目的なのである。「パスをくれ！」と声を出す瞬間、そこには必ず意思が働いている。『今、パスが欲しい』との強い意思が発声を促し、声が出た瞬間に「波動」は生まれる。たとえ大歓声によって音量部分がかき消されたとしても、意思を示す「波動」が消え去ることはない。この「波動」を互いに感知し合うからこそ、スムースにパスがつながる。

つまり長沢選手は、いつもはかき消されるはずの音が聞こえたことに驚き、プレーをする際に困惑したのではないだろうか。つまるところ声を出すという行為は、「出そうとする」その所作でその目的の過半を達成している。

歓声がスポーツの質を高める

そして最後に、僕がもっともピンときたコメントを紹介する。それは、槙野選手の「プレーへのリアクションがないのが一番難しかった」である。ドリブルやパスなどの自分が仕掛けたプレーに対する観客の反応がないことに困難さを感じたという実感に、僕は首が怠《だる》くなるくらいに激しく頷いた。

実際に立ってみるとわかるのだがグラウンドは広大である。グラウンドレベルから見たときのその奥行きの広さには誰もが驚きを禁じ得ないだろう。

試合ではそのグラウンドを敵味方の選手が走り回っている。その群体には自らも含まれており、前後左右すべてに選手がいるわけだから視界は極端に狭まる。さらにはボールを目で追いながらプレーしなければならず、周囲の情況を視覚だけで確認するには相当な困難を来す。というよりもほぼ不可能だ。自分も含め選手たちが絶えず動き回るなかでパスをつなぐための有効なスペースを見つけ出すのは、至難の業である。

つまり視覚だけでスペースや奥行きを感知することはできない。

それでも選手たちはスペースを見つけ出し、絶妙のタイミングでパスを通す。ファンタジスタと呼ばれる選手は、まるで後頭部に目がついているかのように全方位的に情況を捉える。ドンピシャのタイミングでヤンタリングに走り込む選手はまるで予知能力をもっているかのようだ。こうしたプレーは、視覚では捉えられないはずの空いたスペースを的確に把握していないかぎり、パフォーマンスすることはできない。

ではなぜそんなことができるのだろうか。

ここまで読み進めてきた方にはもうおわかりだろう。

歓声を頼りにしているからである。

グラウンドを鳥瞰的に見下ろすことのできる観客は、空いたスペースがもっともよく見える場所にいる。目の肥えたファンとなれば「そこはパスちゃうねん」とか「そっちにボールを運んでもノーチャンスやん」とか、もっともらしいことをブツクサ言いながら観戦しているが、実のところこれは的を射ている場合が多い。なぜならグラウンドを見下ろしているからだ。まるでテレビゲームをするような目線からその試合を観ているわけで、空いたスペースを捉えることができるのは必然である。コアなファンならなおさらだ。プレーできるかできないかはさておき、空いているスペースが生まれたことだけは、わかる。

「ここにボールを運べばチャンスだ！」と思うスペースにボールが運ばれた瞬間、観客は「おおっ」と感嘆の声を上げる。逆もまた然りで、「そこはチャンスが広がらない」と思うスペースにボールが転がれば「あーあ」とため息をつく。このひとつ一つの声の連なりが歓声になる。

選手はこれに耳を傾けている。

つまり、観客目線という仮想的な視座を手に入れることによって、クラウド（群衆）状態のグラウンドの上でも最適なプレーの選択が為されるというわけである。槙野選手が感じたリアクションのなさによる難しさは、俯瞰的に見下ろす視座が得られないことで有効なスペースをみつけられないというジレンマだった。

こう言い切る僕が拠りどころにしているのは、大学時代のある試合でのひとつのプレーである。

花園ラグビー場で行なわれた試合だった。メインスタンド側の自陣ゴール前で味方選手がこぼれ球を拾い上げた。それを確認した僕は素早く彼をフォローし、パスを受けた。その地点が自陣ゴール前、すなわちピンチな情況である。だから、まず陣地を回復するためにはキックだなと思いながら走り込んだのだが、ボールをキャッチした瞬間、意外にも大歓声が上がった。それを聞いた僕は「これはチャンスってこと？　かもしれない？　って、そうだよな」と半信半疑のままに判断を下し、キックするのをやめて攻撃を仕掛けた。

その結果、八〇メートルを走り切ってトライを決めたのである。

パスを受ける前か受けた後かのあのとき、「モワッとしたなにかに後押しされたような感じ」があり、それに身を預けてみたらあっという間にトライできた。このときのように、奇妙な感じを察知し、それにうまく身を投げ出すことができたときには、大概、功を奏している。僕は歓声を頼りにプレーを選択していたのだ。

これこそがラグビーのオモシロさだと僕が感じるのは、歓声の後押しを受けて自分にはできるはずがないプレーが突拍子もなくできてしまったとき。あれはもうたまらない。

歓声はスポーツそのもののクオリティーを高めてくれる。それを発するのは大勢の観客だ。歓声があってこそ選手は信じられないようなパフォーマンスが発揮できる。ゴトビ監督が「魂の欠落」と評したのも、試合そのもののクオリティが低かったからだろう。選手の心理的な限界が引き上げられず、「音なき声」による絶妙な連携もなく、歓声に背中を押されるようなダイナミックなプレーも見られない。こうした「見えざる力」が介在しておらず、その結果としてサッカーそのものが気の抜けた空虚なものに見えたのだろう。原口選手の「突き動かされる」という表現がすべてを物語っているように思われる。

白熱した試合は観客と選手のコラボレーションから生まれる。

終章

世界で戦うということ

オールブラックスとサモア

「剥き出しの本能」は怖い

これまで試合をした相手でもっとも「怖かった」のはサモアである。

ときは一九九九年の春。日本、サモアの他に、トンガ、フィジー、米国、カナダを含めた環太平洋六カ国で争われる「パシフィック・リム選手権」が行なわれた。総当たりで勝敗を競うその大会でジャパンはサモアと対戦した。僕にとってこの試合は特別で、なぜなら代表メンバーに選ばれてまもない僕がようやくスタメン出場の機会を与えられた試合だったからだ。

いささかの緊張とよろこびを胸に当日を迎え、勢いよくグラウンドに駆け出していく。

キックオフ直前のグラウンドで、いざサモアの選手たちと対峙したその瞬間、思わず息を呑んだ。あまりに大柄なその体軀に足が竦《すく》んでしまった。ギリシャ彫刻というよりは腰回りがドシッとした骨太な体型で、肉厚のある二の腕はとてつもなく太い。両脚はまるで丸太だ。しかも褐色の肌がその威圧感に拍車を掛ける。そんな身体の集団が一様にこちらを睨《にら》め付けているのだから、新米代表選手の僕としてはひとたまりもない（もちろんそんな素振りはおくびにも出さず、今にも爆発しそうな気持ちを抑え込んで試合に臨んだのではあるが）。

この時点で僕は気圧された。

すぐにキックオフの笛が鳴らされる。

まことに不本意ながら開始十五分で右肩を脱臼し、退場を余儀なくされた。凄まじいぶちかましに僕の身体は前半すらももたなかったのである。もともと脱臼癖があったとはいえ、わずか十五分での退場とは情けないかぎりである。

サモア選手の突進はまるで水牛が走ってくるようであった。反射的に恐怖を感じた。ほぼ剝《む》き出しの本能の宛先になるとこんなにも怖いものなのか。そう思った。

平たく言えば「ビビった」の一言に尽きる。だが僕としては是が非でもそれは認めたくないし、意地でも認めない。ただ相手の気迫が勝っていただけだ。今でもそう思い込んでいる。うん、そうにちがいない。

　サモアは強い。そして「怖い」。これが実際に手を合わせてみての正直な実感である。右肩脱臼による痛みが当時の記憶を誇張させている可能性を差し引いても、アイランダー特有のあの威圧感はまさに脅威だった。

　だがしかし、このときの僕はまだ本当の意味でのサモアの恐ろしさをわかっていない。相手を萎縮させるほどの力強さと威圧感。その本質を痛感したのはそれから半年後である。

　ちなみにこの試合は日本代表が勝利を収めた。試合終了間際の逆転トライという劇的な幕切れだった。日本ラグビー史上、ジャパンがサモアに勝ったのはこの試合が初めてで、その意味で記念すべき試合になった。途中退場した身としては複雑な心境だが、あのサモアを相手に勝利を収めたことへの驚きとよろこびのほうが勝ったのはあえて言うまでもない。

　それよりもなによりも、あの「怖さ」と対峙して八十分間を戦い抜いたチームメイトには脱帽するしかなかった。三角巾で肩を吊りながらグラウンドの脇に立ち、水牛並みの突進を気迫が伴うタックルで阻止し続ける彼らを見て、まだまだ僕は胸を張って日本代表を名乗ることはできないと感じた。僕にとっては自らの未熟さが目の前に突きつけられる試合だったのである。

さて、右肩を負傷した僕は試合後まもなく代表から離脱する。

それからしばらくリハビリに精を出す日々が続いた。

肩の脱臼は癖になる。癖になればタックルなどのコンタクトプレーをするたびに肩関節が外れることもありうる。癖になったある友人は電車で吊り革を持っているときに外れたこともあるらしい。脇が開き、手首が肘よりも後ろにいくと途端に不安定になる。タックルする際に相手にうまく芯を外され、肩ではなく手だけで倒そうとするときにこの状態になりやすい。

タックルするたびに負傷する選手をどこの監督が使うだろう。だから受傷以後も現役を続けるのであれば、ほとんどの選手は手術を選択する。もともと肩関節は外れやすい構造をしており、完璧な手術を施したところで再脱臼率がゼロになることはない。だが、それでも施術しない場合と比べれば格段に確率は下がる。いつ外れてもおかしくない不安も幾分か解消できるのだから、心理的な効果も見込まれる。

だがこのときの僕はそうしなかった。

実をいえばこのときの脱臼は生涯で三回目だった。大学のときに亜脱臼を含めて二度、受傷している。しかも二度目には内視鏡による手術も受けている。僕の右肩は三度の脱臼でかなりのダメージを受けている。にもかかわらず施術を拒んだのは、半年後にワールドカップが控えていたからである。手術をすれば復帰までに一年はかかる。となれば、当然のように候補選手のリストから外れることになり、代表メンバーに選出される可能性はゼロ。やはりワールドカップには出場したい。

悩みに悩んだが、やはりこの上ないチャンスを棒に振ることはできなかった。手術を選択せず徹底したリハビリを行なうことで、わずかな望みに賭けることにしたのである。そして半年後。その執念が実ってか、運よくワールドカップメンバーに選出される。

ぶちかましの破壊力、再び

先にも述べた第四回ワールドカップは、一九九九年の十月にウェールズで開催された。予選リーグはウェールズ、アルゼンチン、サモアと同組。総当たりで試合を行ない、上位二チームが決勝トーナメントに進出できる。この方式はサッカーと同じだ。

初戦がサモアであった。

残念ながらこの試合の出場メンバーの中に僕の名前はなく、またリザーブ（控え）にも入れなかったので、観客席に座っての応援組となった。

各メディアの報道からもそれは明らかだったが、この大会の日本代表への期待は相当に高かった。

なんといっても、これまで未勝利だったサモアに半年前に勝利を収めている。しかもそのサモアを含む六カ国で争った「パシフィック・リム選手権」では優勝を飾った。ジャパンがこの大会で優勝したのは初めてのことだった。

第三章のコラムにも書いたけれど、国籍主義ではないラグビーでは外国人であっても代表選手になれる。当時のメンバーには元オールブラックスの選手が数名いた。全盛期を過ぎていたとはいえ、そのプレーはすごかった。

それに監督があの平尾誠二とくれば期待が高まらないわけがない。

本大会直近の成績、選手、スタッフ。ラグビーファンならずとも期待せずにはいられない条件が整っていた。

試合当日、会場であるレクサムのレースコース・スタジアムに向かう。到着してからキックオフまでの時間、僕たちはわずかな不安を感じながらも大いなる期待感に満ち溢れていた。

「もしかするとひょっとするかもしれない」

そう真剣に思っていた。

「ひょっとするかもしれない」というのは、一見するところ、やや弱気な態度に映るかもしれない。だが、当時のジャパンにとってサモアはやはり強豪国である。いや、強豪国というよりも、ジャパンが苦手とするタイプのチームというのが正確な表現で、サモアのようにコンタクト（ぶつかり合い）を前面に押し出してくるチームにかつてのジャパンは弱かった。

戦術や戦略よりもまずは喧嘩を仕掛けてくる。「喧嘩」と言ってもそれは乱闘を意味するわけではなく、あくまでもルール内で闘争心を剝き出しにしてぶちかましにくるという意味で、サモアはその最たるチームである。いくら半年前に勝っているからといって、けっして楽観視することはできない相手ではある。

ただそれでも勝利の可能性がないわけではない。なぜなら半年前に「初めて」勝利を収めているからだ。何度やっても勝てなかったチームに勝つことができたときは、ある種の自信がそっと芽生える。どうしても超えられなかった壁を超えたときのこの自信は侮れない。「初勝利」は思い込みや固定観念を打破するためのきっかけにもなりうるし、多少なりともサモアへの苦手意識が薄れることも期待できる。

それにジャパンだってその実力は着実にレベルアップしている。これらの条件を照らし合わせれば、アップセットは十分にありうる。楽には勝てないだろうが、もしかすれば望む結果が得られるかもしれない。

という「ひょっとするかもしれない」なのであった。

ざわめくスタジアムに両チームの選手たちが入場する。

国歌斉唱でそのざわめきが静かに落ち着く。

やがてキックオフのホイッスルが鳴る。

だが、待っていた現実は非情だった。

試合開始直後からサモアの選手が猛攻を仕掛けてきた。なんとほとんどパスをしない。ボールを持った選手がそのまままっすぐぶちかましにくる。「空いているスペースに走り込む」のではなく、わざわざ選手にぶつかりにいくという感じだ。そこには迷いもなく、逡巡もない。ただただ勢いをつけてジャパンの選手にぶち当たる。当然のようにジャパンの選手の顎が上がり、身体はのけぞり、吹っ飛ばされる。

猛々しいそのランニングは息づかいが観客席にまで聞こえるほどに荒い。ぶちかましの際には骨がきしむ音も聞こえてくる。血走る眼、怒る肩。戦闘態勢に入った選手の身体から発せられるあのオーラは、観客席にいる僕らにまで伝わってくるほど強烈だった。もしあの試合で僕がグラウンドに立っていたら右肩脱臼だけではすまなかったかもしれない。

正直なところ身震いがした。

そこには半年前とは似ても似つかないサモアがいた。

ラグビーの本質が球技だからといって格闘技的な要素を無視することはできない。コンタクトシチュエーションで後手を踏めば試合に勝つことは難しい。ぶつかるたびにじわじわ後退するうち、次第に試合の流れはサモアに傾き、結果的にはひとつのトライも奪えず九対四三で敗れた。試合が終わってしばらく放心状態になった。「ひょっとする」場面などひとつもなかった。完敗だった。

「緊密な連携」は「個々の強靭さ」に勝る

大会を終えたあとも、僕の心にはあの試合がずっと残っていた。あのときに感じた

「恐怖」がどうしても脳裏から離れない。あの凄まじい気迫のサモアにいつか勝つことができるのだろうか。そして、そのチームの一員としてふさわしい選手に僕はなれるのだろうか。つまり、あの「恐怖」と対峙できるのか。

この問いはしばらく心に居座って離れなかった。浮かんでは消え、消えては浮かんだ。この問いと向き合い、自問自答するたびに、ラグビー選手としての自分が試されているような気がした。恐怖にたじろぐことはラグビー選手にあるまじき振る舞いだ。だとすれば僕はこの競技に向いていないのかもしれない。そう卑屈になったときすらもある。

とにかくしつこく僕を苛み続けたのである。

ワールドカップも終わり、しばらく経ったあるとき、元オールブラックスの選手がチームメイトに加わった。「オールブラックス」とはニュージーランド代表チームの愛称で、ここ十年以上、世界ランク一位の座を守り続けている世界最強チームである。そのクリエイティビティ溢れる戦い方に、自国のみならず世界中にファンがいるほど愛されている。僕自身もジャパンを除けばもっとも好きなチームである。あえていうまでもなくサモアよりも段違いに強い。

練習後のグラウンドか、あるいは一緒に酒を飲んでいたときだったかは忘れたが、あるとき彼にサモアの印象を訊ねてみた。長らく世界ランク一位の座を守り続けているオールブラックスにとってサモアは格下にあたる。世界最強チームの一員である彼の目にサモアというチームはどのように映っているのだろう。ほぼ剝き出しの本能で戦う彼らとの試合を、ラグビー王国の一員はどう感じているのか。あの「恐れ」とどのような方法で対峙しているのか、と。

彼は片言の日本語で開口一番にあっさりこう言った。

「かんたんね」

驚いた。たとえわずかでも手強く感じているだろうと思っていたからだ。おそらくなにかの秘策をもって抗しているという予測していた僕の期待を、まったく裏切る答えが返ってきた。そもそもが与《くみ》し易い相手だというのである。

片言の英語と片言の日本語での会話なので、彼の話をどこまで理解できたか自信はないが、おそらく次のようなことを彼は言っていたと思われる。

「タックルの技術と、システムとしてのディフェンスが確立されていれば、相手の突進は止められる。怖くはないよ。たとえ剝き出しの本能を前にしても恐れることなく立ち向かうことができる。だって、強いのはひとりだけ。つまり個人。個々の突進なんて網にかけるように包み込んで倒せば問題ない。だから『かんたん』なんだ」

剝き出しの本能であっても、より洗練された技術で対抗すればどうってことない。さすがはオールブラックスにいた選手だ。唸《うな》った。この技術の詳細については知る由もなかったが、少なくとも僕の想像を遥かに超えたところでラグビーをしていることだけはよくわかった。

ジャパンとサモアとの差について論じられるときは、根性が足らない、ハングリー精神に欠けるなどという言葉遣いで説明されがちである。また農耕民族と狩猟民族の違い、あるいは先天的な体軀の差とも言われたりするが、じつはそうではないことを彼の言葉は示唆している。確かな技術とシステムの確立で、ほぼ剝き出しの本能は凌駕することができる。そう語っているのである。

そういえばオールブラックスの試合はグラウンドがとても狭く感じられる。「二〇人はいるのではないか」と思ってしまうほど、どこもかしこも黒いジャージだらけだ。これは一五人の連係が緊密にとれているからに他ならない。一五個の身体が結びつき、グラウンド（七〇×一一〇メートル）の隅々にまで意識を行き渡らせることができるがゆえに隙が生まれない。これがオールブラックスの強さを支える根幹であって、彼が言うところの「網にかける」ということなのだろう。

個々における強靭さは、緊密な連係がとれた集団にはかなわない。

ただ、最後につけ加えるように次のようなことも口にしていた。

「熱り立つ相手の気合いは試合の序盤でこちら側からも積極的にぶつかりにいくことによって消沈するんだ。だからけっして受け身にならないことが大切。もちろん痛いけれど、それは最初のうちだけ。意気消沈したあとは楽に試合を運ぶことができるし、彼らは意気消沈するのが早い」

気合いの大切さを「最後につけ加えるように」、また「こんなこと改めて言わなくても当たり前だよな」という様子で話す彼をみて、やっぱりものが違うと感じた。「根性」や「気合い」や「精神力」はたしかに大切だが、けっして前面に押し出すものではなく、むやみに連呼したりやたらと強調する必要などない。おそらく彼らオールブラックスはそう考えている。「根性」や「気合い」や「精神力」は、チームメイトそれぞれが当たり前に持っているものとして認識している。だからわざわざ「気合いを入れろ」などと口にしない。だから話の最後につけ加えるように、また同じラグビー選手同士だからわかってるよねという暗黙の了解のうちに、そっと言葉にしたのだと思う。

彼らは「根性」や「気合い」や「精神力」を当然にあるものとして考えている。力まずともパフォーマンスが発揮できるまでに鍛錬されている。

元オールブラックスである彼の佇まいや振る舞い、練習態度や試合でのプレーを頭に浮かべながら、彼のこの言葉にひとり心の中でふむふむと頷いた。

「個か集団か」という図式を超えて

サモアの厚い壁にはね返されて負傷した僕が言うのもなんだが、この「オールブラックス的な強さ」と「サモア的な強さ」との間には千里の径庭《けいてい》がある。

あくまでも想像の域は出ないが、多少ともラグビーに携わってきたからこそ想像だけでわかることもある。あのサモアの、まるで動物を思わせるような「ほぼ剝き出しの本能」で到達できる境地には限界がある。どこまでいっても個の力の競い合いとなり、チームとして戦うラグビーにおいてはいずれ厳然たる壁にぶち当たってしまう。

その点でオールブラックスは違う。「緊密な連係」のもとに卓越したプレーを連発し、「ほぼ剝き出しの本能」をも難なくはね返す。

サモアは強い。だがオールブラックスはもっと強い。このように書けばこのふたつの強さはいわゆるパフォーマンスの多寡として同質のものと考えてしまいがちだが、その実、そうではない。両者はまったく異質であって、けっして同じ地平で考えられるものではない。つまり同じ度量衡《どりょうこう》で測ることができない。体重を巻き尺で測ろうとするがごとく、けっして比較することができないものなのである。

僕を苛み続けたサモア戦での「恐怖」はこうして昇華された。

つまり、あのとてつもなく激しく荒々しい攻撃に対しては、個々の力で対抗しようとするのではなく、チーム内での連係を緊密にすることによってはね返すべきものなのである。もちろんオールブラックスみたいなプレーができるまでには何十年かかるかわからない。どれだけ努力したところでできないかもしれない。ただそれを目標にすることはできる。目指すべき方向がわかればそれに向かって努力することはできる。

価値を転換する。「オールブラックス的な強さ」への飽くなき追求が、「サモア的な強さ」を乗り越えるためには必要だ。これが世界と戦うためのこころ構えである。

誤解のないようにつけ加えておくが、これは因習的な「個か集団か」という単純な図式を意味しない。個人の能力よりも集団的技能のほうがパフォーマンスが優れているという、ありきたりの結論が言いたいわけではない。ラグビーファンならわかるだろうが、オールブラックスの選手は個人技でも他国より秀でている。卓越した個が集団としてまとまっているチーム、それがオールブラックスであり、したがって「オールブラックス的な強さ」とは、「個か集団か」という図式を超越した境位を意味している。

突出した能力を持つ選手がチームの一員として機能しつつ、ときにその役割をはみ出すことによって敵を欺《あざむ》き、観客を魅了する。筋力や根性をガンガン鍛え、また本能をも刺激し、個人の技術を高めておいてそれを合算するのではなく、あくまでも結果的に個々の能力が引き出されるような緊密な連係をいかにして築くことができるか。それにかかっている。個という花が咲くためには肥えた土壌が必要だ。たくさんの養分を含んだ土壌がないと、花は鮮やかに咲くことができない。単に花の鮮やかさだけを求めてもそれは叶わぬことなのである。

こうして言葉にしようとすればどうしても文学的な表現にならざるを得ないのだが、僕が言わんとするのはそういうことである。

あのころと比べればサモアもジャパンも着実に強化が進んでいるので、サモアは昔のようなぶちかまし一辺倒ではなくなりつつある。またジャパンにしても激しいコンタクトプレーに対抗しうるだけの技術を身につけつつある。時代が下り、両者ともにラグビーそのものが確実に変化しつつあることは間違いない。これを戦術の画一化《かくいっか》の現象とみるか、あるいは「オールブラックス的なもの」に近づきつつある進化とみるかは今のところ判断しかねているが、いずれにしても世界と伍して戦うためには「個か集団か」を乗り越える境位を念頭に置かねばならない。

「個か集団か」を超えたからだへ

あったはずのスペースが消えた！

では、「個か集団か」を超えた境位とはいかなるものなのか。

それを知る手がかりになることを期待して、僕というひとりの選手が選手時代に痛感した「世界との差」について、最後に記しておきたい。十年以上が経過した今もまだありありと記憶に残るあのときの体感は、たぶんこの先もずっと忘れない。それほど強烈な印象であり、負けず嫌いの僕にとっては現役を引退した今もなお乗り越えるべき壁として眼前に立ちはだかっている。

あれは社会人一年目、三菱自動車工業京都に入社してまもなくのころだった。まだ正代表に手が届かず、それに準じるチームである「ジャパンA」のメンバーに選出されて、ニュージーランドに遠征をしたときだ。「遠征」とはいわば武者修行のことで、約三週間のあいだに現地のチームと数試合を行なう。プレースタイルや戦術の異なる外国チームとの試合経験を積むことでレベルアップを図る。それが主たる目的である。対戦相手はクラブチーム単独の場合もあれば、年齢別や地域別の代表チームという場合もある。当然のことながら後者のほうが強い。この遠征では、最終戦に予定されているニュージーランド学生選抜（NZU）戦と、三戦目の二十歳以下のマオリオールブラックス戦がキーゲームであった。

ニュージーランド学生選抜（NZU）については説明するまでもないだろうが、「マオリオールブラックス」については少し説明が必要だろう。

「マオリオールブラックス」とは、ニュージーランドの原住民族であるマオリ族の血を引く者だけで結成されたチームである。このチームへの選出は、オールブラックスに選ばれるのと同じくらい名誉なことであり、しばしば単独で諸外国に遠征することもあるほどだ。その実力も相当なもので、現日本代表ヘッドコーチのエディー・ジョーンズ氏によれば世界ランク六位か七位に位置づけられるほどで、ラグビー王国であるニュージーランドの選手層の厚さが窺《うかが》い知れる。奇しくも今年（二〇一四年）の十一月には日本への遠征が予定されており、ジャパンとの試合が組まれている。現在、かつてないほどの充実をみせるジャパンがマオリオールブラックスを相手にどこまでやれるのか、僕としてはとても楽しみにしている。

そんなチームの、二十歳以下のメンバーと対戦したのである。

いずれマオリオールブラックスになる逸材が揃ったチームで、武者修行の相手としては申し分ない。しかも「ジャパンA」のメンバーは、大学生が数人いたもののほぼ社会人で構成されており、つまり四つも五つも年下の相手との試合になるわけである。「いくらマオリオールブラックスとはいえども負けられへんやろ」と負けん気が発揮されるのは言わずもがなで、いつもより前のめりになって試合に臨んだ。

そんな気合いも空回りに終わる。やはりその壁は厚かった。大敗を喫してしまった。彼らの貪欲さと溌剌《はつらつ》とした若さに、ものの見事にやられたのだった。とほほ。

結果はさておき、その試合で僕はとても奇妙な経験をした。

それは自分がボールを持って攻撃を仕掛けたときだった。

ステップワークと足の速さを武器とする僕は、いつものように走りごろなスペースを探すべく前方に意識を向ける。相手ディフェンスの陣形に目をやったその瞬間、選手と選手のあいだに手頃なスペース（空間）を発見した。

「これは突破できる！」

そう判断した僕はスピードを上げて直線的に走り込む。このスペースの広さと走り出したタイミングからすれば、大幅にゲインできることは間違いない。走りながら僕はそう確信していた。

そしていつものように突破できた、はずだった。

なんとすっかり不意を突かれて、二人の選手に挟まれるようにタックルされたのである。

近づく気配が感じられず、いきなり相手ディフェンダーが現れたことに度肝を抜かれた。まさに「いきなり」だった。突如として出現した相手の腕が全身に絡みついた。

これまでの経験からすれば絶対にゲインできたはずなのである。あれだけのスペースがあればタイミングさえ間違えなければ突破できる。練習や試合を積み重ねるなかで身につけた感覚をもとに、確信を持ってプレーを選択した。それだけにタックルされたことがどうにも納得がいかない。というより、そもそもどのようにしてタックルされたのかがよくわからない。

困惑。このときの状態を表すとすればこのひとことで十分に事足りる。

となれば以後はどうなったのか、もうおわかりだろう。

これまでに培った感覚が通用しない。すなわち判断基準が頼りにならないとなれば、迷いながらプレーをするしかない。ボールを持つたびに目の前に広がるこのスペースは突破できるかできないかと、迷う。試合中でのこうした迷いは、当然のことながらパフォーマンスを阻害する。それ以後はずっと困惑した状態のままでプレーせざるを得なかった。

このときの体感はいったいなんなのか。

今だからわかることなのだが、僕は見事に「狩られた」のである。

マオリの血を引く若き選手たちはスペースがあると僕に思い込ませ、そうとは知らずに走り込んできた僕を複数で囲い込んだ。「走りごろのスペース」という罠を意図的に仕掛け、そこに呼び込むという高度な技術をおそらくは使っていた。この群れが伸び縮みして獲物を囲むようなディフェンスを、僕はこれまで経験したことがなかった。だからタックルされた瞬間に、この身にいったい何が起こったのか、それがよくわからなかったのである。あったはずのスペースがものの見事に消え去ったのである。

そしてなにより驚くのは、このディフェンス技術をすでに二十歳の段階で身につけていたことである。

そういえばニュージーランドでは高校生まで細かい技術指導を行なわないと聞いたことがある。もしこれが本当だとすれば、卒業して二年ほどのあいだに「狩るディフェンス」を習得したということになる。あるいはそれまで細かい技術に縛られず自由奔放にラグビーをする中で、自然に体得したとも考えられる。

体系的に学んだのか、それとも知らず知らずのうちに身についたのか。

いずれにしても、「狩るディフェンス」なるものがニュージーランドラグビーの中で伝承され続けていることは確かである。

「狩るディフェンス」を実践するには、まず仕掛けた罠、つまり空けたスペースを、相手にどこまで走らせてもよいかを共通理解していなければならない。互いの走力やタックルレンジなどを把握し、擦り合わせた上で、どのくらいの面積分を空け、どのタイミングまで我慢するかをわかっていなければ成功しない。このときのスペースの面積や動かずに待つ時間はけっして計測できない。互いに肌感覚としてわかっておく必要がある。

二人（ないしはそれ以上）の選手が寸分違わず判断すると同時に動き始めなければ狩りは成立しない。まさしく「阿吽《あうん》の呼吸」である。

女性や老人、子供も含めて五人に一人はラグビー経験者だと言われるニュージーランドでは、おそらくこの「阿吽の呼吸」がグラウンドのみならず至るところで伝統的に受け継がれているのではないだろうか。この国に生まれた者の、ラグビー選手としての身体知に、「狩るディフェンスを可能にする阿吽の呼吸」がある。そう僕には思われる。

ちなみにこの試合で一三番をつけて出場していた選手は、のちに「オールブラックス」に選ばれている（マオリを飛び越して）。ラグビーファンなら知る人も多いだろう、リコ・ギアである。ディフェンス時、彼はかなり広め（隣の選手と離れた位置）にポジショニングしていたから、そのあいだを狙って走り込んだのだが、いつのまにか忍び寄られて見事に狩られた。彼の身体能力はずば抜けており、獲物に忍び寄る瞬間のスピードは相当なものだったが、それが十全に発揮されたのは「狩るディフェンス」という緊密な連係が築かれていたからこそである。

まるで獲物を狩る肉食動物の群れのごとく連係を図る。そんなディフェンス技術の確立が世界と戦うためには必要だ。

まるで波が押し寄せるように

先ほどがディフェンスなら今度はアタックの話になる。
またもや為す術《すべ》がない。このように痛感したのは、ここまでに幾度《いくど》か触れた一九九九年ワールドカップにおけるウェールズ戦である。このときの情況を理解する上で踏まえておいていただきたいことが二つある。

これまで何度も書いているがもう一度だけ確認しておくと、ラグビーでは前方へのパスが禁止されている。自分の真横か後ろにしかパスを出せない。にもかかわらずトライを奪うためには前進を図る必要があり、この矛盾がオモシロさでもあり難しさでもある。少し想像してみてほしいのだが、真横か後ろだけのパスをただ繰り返すとどうなるだろうか。当然のようにパスするたびにジワジワ後退する。一向に前進することができない。

このジレンマを解消するためにひとつコツがある。それは止まってボールをキャッチしないこと。前方に走りながらパスを受けることによって、このジレンマは解消される。パスを受けた選手が陣地を稼ぎ、その稼いだ分がパスで後退する距離よりも長ければ、少しずつではあるが前進できる。

「走りながらキャッチ」はラグビーの基本である。ひとつがこれ。

そしてもうひとつは「ボール保持者にしかタックルできない」である。

ボールを持っていない選手へのタックルはノーボールタックルといい、厳しく禁止されている。意図的に行なった場合などはシンビン（十分間の一時退場）が課されるほどに厳しく、さらに悪質だと判断されれば一発退場（試合に戻れない）もありうるほどである。

この反則に限らずラグビーはルールが複雑で、コンタクトプレーが許されるスポーツだからこそ禁止事項はどうしても多くなる。

「パスをキャッチする際には走り込むことが理想」

「タックルはボール保持者のみ可能」

この二つを踏まえてここからの話におつき合い願いたい。

率直に言えば、ウェールズのライン攻撃は凄まじいものであった。こちらにかかる圧力の質が明らかにこれまでとは違う。この感じはいったいなんなのか。それがわかったのはウェールズの連続攻撃を受けたときだった。「的が絞れない」のである。具体的にいえば誰にタックルをすればよいかが判然としない。

目の前には数人のウェールズの選手が並んでいる。その中の一人の選手がボールを持ち、こちらの様子を窺いつつパスを出す選手を探しながら結構なスピードで近づいてくる。彼の周辺にはボールをもらうタイミングを見計らいながら五人ほどの選手が同時多発的に一斉に走り込む。まっすぐ、あるいは斜めに、走る角度を絶妙に調節しながら。

つまりボール保持者以外の選手がこちらに向かって同時に猛スピードで走り込んでくるのである。しかも全員がパスをキャッチする素振りをしながら。

この攻撃を、横一列になってディフェンスをする僕らの目にはどのように映るかというと、誰がパスを受けるのかの見当がまったくつかないのだ。五人なら五人が渾然一体《こんぜんいったい》となり、まるでひとつの生命体のように動くのだから、こちらとしてはその場に立ち止まるほかない。ボール保持者にしかタックルできないので、誰がパスをキャッチするかがわからなければディフェンスすることは不可能である。

とはいえ、やがて走り込む選手はわかる。視認できる。パスが通ったあとになってそれはわかるわけだ。でも、これでは遅い。相手の動きに翻弄されて立ち止まっている状態では、強いタックルができるはずもない。ということは、相手の勢いのままに後方に引きずられる。つまりゲインを切られる。そしてまた次の攻撃が始まる。こうして後手を踏み続け、やがてトライに至るというわけである。

ウェールズの攻撃はまるで波が押し寄せるようだった。これがまさしく「波状攻撃」だと思った。

一点突破で攻められる分には対抗策を立てることは可能だ。たとえば突出した身体能力を持つ選手がいたとして、その選手が単独で攻めてきたとしても、複数で徹底マークするなどすればなんとか止められる。だが「波状攻撃」はそういうわけにはいかない。強い個は固体的で、一糸乱れぬ連係がとれた集団は液体的だ。両手で掬《すく》い上げた水がわずかな指間から零《こぼ》れてしまうように、液体はわずかでも隙間があれば侵入できる。

あるいはこんなふうにたとえることもできるかもしれない。

投げつけられた石を受け止めるとき、それがたとえ一〇キログラムの重さであっても「ひとつの石」ならなんとかなる。だが「いくつもの小石」ならそれは困難だ。「ひとつの石」だと目でしっかりそれを見て、腰を落とすなり丹田《たんでん》に力を入れるなりして、それなりの対策を練ることができる。事前に筋力を鍛えておくことも有効だろう。つまり「準備すること」が可能なのだが、「いくつもの小石」はそういうわけにはいかない。どこに視点を定めればよいか、身体のどこに力を入れればよいかなど具体的な所作がよくわからない。だから立ち尽くすしかない。

そう、まさしく僕は立ち尽くしてしまった。悔しいがパフォーマンスは散々だった。だが、今だから言うけれど、心の奥底では世界との差を実感した悦びを感じてもいた。ウェールズの波状攻撃に晒され、タックルを外されながらも僕はワクワクしていた。初めて日本代表に選ばれたとき、雲の上にいると思い込んでいたメンバーと一緒に練習をしたときにも感じたけれど、自分の想像を超えたレベルを肌で感じる経験はやはり悦びでしかない。現在の自分には理解もできず、もちろん実践もできない情況に置かれればフリーズするのは仕方ないにしても、それはやはりエキサイティングな経験だ。いきなり「いくつもの小石」を投げつけられるような機会は、自分が試されているようでとても楽しい。

この「波状攻撃」を止めるにはどうすればよいか。

残念ながら現役時に突き止めることは叶わなかったが、あれから十五年が経ってようやくその糸口をつかんだように思う。

一人が一人をマークする、いわゆる「マンツーマンディフェンス」は通用しない。これに対抗しうるにはディフェンス側も「波状防御」をしなければならない。「波状防御」とはなにか。もうおわかりだろう。これは先ほど述べた「狩るディフェンス」となる。

時を経て、ニュージーランドでの経験と、ウェールズとの試合での経験とが、ものの見事に結びついた。

世界はこのレベルで争われているのだ。

ひとつのチームを身体にたとえてみれば、選手は身体の各部位となる。腕、脚、肩、腹、背、頭など、役割が異なるそれぞれが集まってひとつの身体は形成される。腕は脚ほどのパワーはないけれど、脚よりも細かな作業が得意だし、肩や腰（股関節）は両者に比べてフレキシブルに動かすことができる。目は眼前に広がる世界を視認し、耳は歓声や味方の声を拾って周囲を立体的に理解する。頭は思考という機能を司る。鼻は嗅《か》ぐ、口は味わう、肌はざわめく。同じひとつの身体なのだから、目と耳、あるいは脚と腕などそれぞれの役割を比較して優劣をつけることはナンセンスだ。ともに協力し合いながらそれぞれの役割を全うするからこそ「身体」として機能するわけであり、それに応じて各部位はその存在を露にする。

当然のことながら腕や脚、目や耳が個別にその機能を果たすことは不可能である。「ゲゲゲの鬼太郎」に出てくる目玉の親父は例外だとしても、身体という本体があるからこそ各部位は惜しげもなくその特性を際立たせることができる。身体は各部位の集合体であり、その各部位がそれぞれの持ち場で働くからこそ身体は成立する。どちらが先かという問題ではない。

選手とチームの関係もこれとなんら変わらない。世界と伍して戦うためには「個か集団か」という問いを乗り越えた境位に至らなければならないと先に書いた。日本ラグビーが強化を進めていくとすれば、「オールブラックス的な強さ」を遠くに抱きつつ、「狩るディフェンス」と「波状攻撃」を構築するための方策を考えなければならない。そのためにはまず身体をみつめるまなざしを見直さなければならないだろう。

一人の中で閉じられたものとしてではなく、他者とのあいだに立ち上がる身体。そこにしかない「からだ」がある。

あとがき

まずは最後まで読んでいただいたことへの御礼を述べます。

本当にありがとうございました。

身体にまつわる話のアンソロジーとしてのこの本は、みなさんがこれまでにもっていた常識とはいささかの齟齬《そご》があったのではないかと思われますが、いかがだったでしょうか。

ここには僕自身がラグビーというスポーツを通じて得た経験をもとに考察したテクストが収められています。ともすれば経験則ばかりで、あまりに主観的すぎるという感想を抱かれた方がいるかもしれません。それはあなただけの経験であって、普遍性をもたないのではないか、と。

ただその一方で、「感覚的にはわかる」と思わず頷いてしまう人もおられたのではないでしょうか（たぶんにそうあってほしいという僕自身の願望が含まれておりますが）。そう感じた方がひとりでもおられたのなら望外のよろこびを感じる次第であります。

ラグビー選手だった僕が身体論の研究者として歩みを始めたのは、ひとつの怪我がきっかけでした。

二十九歳のとき、ある日の練習中に視界が歪みました。ぶつかり合いの練習をしていた際に、不意に頭がクラクラとして物が二重に見えた。病院で検査を受けたのですが、どこにも異常はみつからない。その後、四軒の病院を回ったのですが異常はみつからず、最終的には過去の病歴から「脳震盪の後遺症」ではないかと診断されました。

現役時代は、どちらかといえば身体のケアには気を使っていたほうだと思います。それなのに身体を壊してしまった。それも取り返しがつかないようなかたちで。

そのタイミングで出会ったのが内田樹先生と甲野善紀先生です。

内田先生は合気道（と、フランスの哲学者エマニュエル・レヴィナス）を通しての身体論を、甲野先生は古武術を基盤とした身体運用について研究をされておられます。このお二方の著書を読み、稽古や講習に参加するうちに、これまでなんの疑いもなく実践してきたスポーツ科学への懐疑が生まれました。筋力トレーニングやウォーミングアップの是非、栄養学に基づく食事療法、勝利至上主義、根性主義など、今まで当たり前だと思い込んできた信憑《しんぴょう》が揺らぎはじめたのです。

ほどなく親しくさせていただくようになってからは、この懐疑は日増しに大きくなり、ついに閾値《いきち》を超えてしまいます。身体を本質から見直せば、スポーツ科学の考えでは理に合わないことが多すぎる。そう結論づけざるをえませんでした。

だからといってすぐに身体が変化するかといえばそうではありません。

「考え方」はたしかに変わりました。だけど生身の身体はすぐにはついてきません。長らくの習慣が身についたこの身体は、そう容易には変わらない。

武術とスポーツにおける身体運用の大きな違いを一言で述べるとすれば、それは筋力に頼るか頼らないかに尽きます。筋力の大きさがパフォーマンスに直結すると考えるのがスポーツで、武術はそうではない。むしろ、うねる動きやためる動きを生みだす筋力は、かえってパフォーマンスを阻害する要因となります。「うねり」や「ため」は相手に気配を悟られる動きであり、生きるか死ぬかの場面で力を発揮せねばならない武術では致命的となります。六十歳を超えた今が一番身体が動くと自負する甲野先生の身体にはほとんど筋肉はついていません。

当時、僕の身体には長年の習慣からたくさんの筋肉がついていました。太腿《ふともも》やお尻、胸、肩、腕などが盛り上がり、ラグビー選手独特の周囲に対する威圧感を放っていたと思われます。するとどうしてもその筋肉を使って動こうとしてしまうわけです。

頭でどれだけ「筋力に頼らずに動こう」と心がけても、身体は従ってはくれません。うねろうとするし、ためようとするし、踏ん張ろうとする。そうやって動くことがこれまでのデフォルトだったわけですから、そこからはなかなか脱することができない。身体というのはこんなにも惰性《だせい》が強いものなのかと思い知りました。

このままではいけない。そう思った僕は、まずこの筋肉を落とそうと一念発起します。体重を維持するためのウエイトトレーニングを一切やめました。当時のトレーナーとは言い合いになりましたが、もしダメなときの責任はすべて自分が背負うという一点張りでなんとか説得します（のちに彼とは和解するのですが、それまでは話をするのも避けるほど険悪になりました。スポーツ科学対古武術という図式で僕たちは意地を張り合っていたのです）。

すると当たり前ですけれど筋肉は落ちていきました。

しかし、です。筋肉は落ちても、身体の使い方そのものは急には変わりません。筋力の落ちた身体に最適な身体運用が身につくのにはそれなりの時間がかかります。残念ながら引退までに間に合いませんでした。この効果を試すことができずに僕はユニフォームを脱ぐことになります。十九年の現役生活を終えるにあたっての一番の心残りはこの部分です。武術的な動きをグラウンドの上で試すことができなかった。

もちろん引退したあとも脳震盪の後遺症はついて回ります。ですから、引き続き身体についての研究は続けざるをえなかったという切実さはあります。これからの人生を快適に過ごすための身体のケアは欠かせない。でも、義務感からそうしたわけではなく、身体について考えることがいつしか楽しくて楽しくて仕方がなくなったんです。スポーツ科学を宛てがい、中枢的に自らの身体と向き合ってきた過去を抜け出し、日本古来の武術を基盤として、非中枢的に自らの身体と向き合っていく楽しさといったらほかにありません。コントロールできるものとしてではなく、常に伺いを立てるような仕方で向き合えば、身体はその潜在能力を発現させる。「マネジメント」という発想で身体と向き合うのはあまりにももったいなさすぎます。

身体はあまりに複雑でよくわからない。でも部分的にはよくわかる。だからオモシロい。

現役を引退してから今年で八年目を迎えました。そろそろだなと思い始めています。

なにが「そろそろ」なのか。

僕が筋力トレーニングを真面目にやり出したのは社会人に入ってから。スポーツ科学に基づいて、真剣に身体をマネジメントし始めたのがそのころで、現役を引退する前の、内田、甲野両先生と出会うまでの七年間、ずっと取り組んできました。

つまり中枢的に身体をマネジメントした期間が七年だということです。

いくら頭で理解したところで身体がついてこないと先に書きました。その癖のしつこさに参っていた当時、「中枢的な身体」を手放すためには最低でもそれが作られた時間と同じだけの時間はかかるのではないか。筋肉は落ちたとしても、神経系統が組み変わるにはおそらくそれくらいは必要かもしれない。そう思い至りました。それくらい未来を見据えないと、凝《こ》り固まった自分の身体を受け入れることは困難だったのです。

そしていつのまにかその期間が過ぎ去ったというわけです。

筋力はとうの昔に落ちてしまいました。

マネジメントするという発想も頭の中からすっかり消え去りました。

肩胛骨《けんこう》や股関節は現役当時よりも明らかに可動域が広がっています。

これから僕の身体はどのように変化していくのでしょう。

僕自身もよくわかりません。

どうやら僕の研究は、この身に起こる数々の現象を詳細に記述していくことが主たる活動になりそうです。ですから、これからは「怪我を患って引退したラグビー選手の身体のサンプル」を、少しずつ提示していこうと考えています。これらの考察のひとつが、みなさんにとって自らの身体をみつめ直すきっかけになればと思います。ひとまずその第一弾がこの本ということで、たとえわずかでもなんらかの気づきが得られたことを願って筆を置きます。いや、指を離します、もとい、パソコンを閉じます。


最後になりましたが、僕にラグビーの奥深さを教えてくれた平尾誠二さんに御礼を述べたいと思います。所属チームでは偉大な先輩として、また日本代表のときには監督として、厳しくも優しい指導をいただいたことは忘れません。ラグビーの楽しさと厳しさを存分に叩き込んでいただきました。

それから、大学院での指導教官である山根耕平先生には感謝の念が尽きません。アタマよりもカラダを使うことが得意だった僕に対して、じっくり腰を据えて接してくださいました。これまで大して勉強をしてきていないにもかかわらず意見だけはいっちょまえに口にする向こう見ずな僕を、頭ごなしにではなく根気強く教授いただいたことは決して忘れません。先生が導いてくださったからこそ研究の道に歩みを進めることができたと思っています。

執筆にあたって僕を支え続けてくれたミシマ社の三島邦弘さんにも御礼を言わせてください。神戸のとあるレストランで「本を書きませんか？」という打診をいただいてから、二年以上も待たせてしまいました。書けば書くほどに感情的ななにかが溢れてきて一向に筆が進まない僕を、急かすことなく温かく見守ってくれました。

矢萩多聞さんには素敵な装丁を手がけていただきました。ウェブ連載（「みんなのミシマガジン」）の担当編集者である新居未希さんには締め切りギリギリの送稿でいつも心配をかけました。

みなさま本当にありがとうございました。

心配をおかけしたまわりのすべての方々も含めて、心より感謝を申し上げます。

二〇一四年九月

平尾　剛

平尾剛（ひらお・つよし）
1975年大阪生まれ。同志社大学、三菱自動車工業京都、神戸製鋼コベルコスティーラーズに所属し、1999年第4回ラグビーW杯日本代表に選出。2007年に現役を引退し、現在は神戸親和女子大学発達教育学部で講師を務める。共著に『合気道とラグビーを貫くもの――次世代の身体論』(朝日新書)。「SUMUFUMU LAB」でコラムを連載。

近くて遠いこの身体《からだ》

2014年 9 月 28 日　初版第 1 刷発行
2014年 12 月 22 日　初版第 2 刷発行

著者　平尾剛

発行者　三島邦弘
発行所　株式会社ミシマ社
〒152-0035 東京都目黒区自由が丘 2-6-13
電話 03-3724-5616　FAX 03-3724-5618
e-mail hatena@mishimasha.com
URL http://www.mishimasha.com
振替 00160-1-372976

装丁・レイアウト　矢萩多聞
印刷・製本　シナノ書籍印刷株式会社
組版　有限会社エヴリ・シンク

ISBN:978-4-903908-55-7

好評既刊

ナンバ式！元気生活——疲れをしらない生活術

矢野龍彦 ／ 長谷川 智

「健康」よりも、「元気」であることを目指しませんか？

ナンバ研究の第一人者が、日本の伝統文化の一つである「ナンバ」の知恵をもとに、「心と身体が元気になる方法」を提案する。

ISBN978-4-903908-07-6　1500円

街場の教育論

内田 樹

「学び」の扉を開く合言葉。それは……？

学校、教師、親、仕事、宗教……あらゆる教育のとらえ方がまるで変わる、驚愕・感動の11講義！ 至言満載のロングセラー。

ISBN978-4-903908-10-6　1600円

人生、行きがかりじょう——全部ゆるしてゴキゲンに

バッキー井上

人は、こういうふうに生きていくこともできる。

酒場ライターにして、居酒屋店主、漬物屋でもある著者、初の自伝的エッセイ。映画・小説をしのぐバッキーワールドへようこそ。

ISBN978-4-903908-45-8　1500円

あわいの力——「心の時代」の次を生きる

安田 登

「心」に代わる何かが生まれる⁉

シュメール語、甲骨文字……古今東西の「身体知」を知りつくす能楽師が、「心」の文字の起源から次の時代のヒントを探る。

ISBN978-4-903908-49-6　1700円

（価格税別）